国家と移民
外国人労働者と日本の未来

Torii Ippei

a pilot of wisdom

目　次

はじめに ―― 12

プロローグ ―― 20

入管施設の「闇」――死亡事件、自殺、人権侵害
いないことになっている「外国人労働者」が日本経済を支えてきた
「不法労働者」に助けられた過去を「なかった」ことにする政府
「オーバーステイ労働者」も「連れてこられた人」も国連定義では「移民」
多くの「ゲスト労働者」を招いたドイツの公式声明
東京も大阪も「出稼ぎ労働者」が住みついて大都市となった

海外ルーツの人たちが大活躍する「移民社会」日本
移民の時代は「チャンスの時代」

第一章　外国人労働者をめぐる環境

アメリカ国務省や国連から厳しい勧告
「外国人＝犯罪者」と思いがちな入管職員や警察官
長期の海外在留邦人は約一四〇万人
日本人も「外国人労働者」である
移民が労働条件改善に貢献
「外国人労働者」という区別の仕方自体おかしい
「不法就労は犯罪の温床」というウソ
労働搾取の人身売買
「国民」ではなく「すべての人」の人権が守られねばならない
自らの「人権侵害」についても展示するアメリカ

第二章　外国人労働者奮闘記——モノ扱いが横行する現場——　66
一〇〇の相談に一〇〇の物語
【ケース1】指をなくしたラナ
「外国人春闘」／
外国人労働者問題が日本の労働環境の劣悪さをあぶり出した
【ケース2】オーバーステイ労働者が三八億円「サービス残業」告発のきっかけに
【ケース3】「岐阜事件」——残業代は時給三〇〇円。月の労働時間四〇〇時間超
基本給の半額以上を監理団体がピンハネ／経営者によるセクハラも
【ケース4】「山梨事件」——待遇改善を要求した実習生を暴力的に強制帰国
JITCOの調査に「偽装」／「強制帰国」に立ち上がった実習生たち／
一五人の男が押し入り、暴力でバスに押し込む／バスの窓から飛び降り脱出／
監禁／ぶどう畑に隠れて夜明かし／救出作戦
【ケース5】セクハラ理事長は市議会議員。高額な布団リース代も徴収
「普通の人」、「いい人」、社長が変貌する

【ケース6】「とちおとめが泣いている事件」
二年半無休。パスポート取り上げ、強制貯金
【ケース7】「銚子事件」
強制貯金使い込み、パスポート取り上げ／
借金でしばる「保証金制度」も日本側が作らせた／
恋愛・妊娠・出産禁止
【ケース8】「トイレ一分一五円」の罰金
【ケース9】被害者が逮捕された
ハンマーで殴られたルン
【ケース10】「ン問題」とは何か？
【ケース11】「未払いの給料をよこせ」と言って逮捕されたイラン人
【ケース12】入管収容者への差し入れを職員が横領
【ケース13】養豚場殺人事件――受入機関の理事が送り出し機関の実質的社長
【ケース14】自殺したが約束は守った社長

【ケース15】全身やけどを負ったイラン人青年と、親身に動いてくれた労災課長
【ケース16】筆者に火を放った社長

第三章 「外国人」労働者受け入れ政策の歴史

――――134
〈前史〉オールドカマーの時代（戦前〜戦中）
「オーバーステイ容認」政策（一九八〇年代〜）
日系ビザ導入（一九九〇年〜）
技能実習制度創設（一九九三年〜）
入管法改正、技能実習制度拡大（二〇一〇年〜）
技能実習三号、最長五年滞在（二〇一七年〜）
外国人建設就労者受入事業（二〇一五年〜）
受け入れ拡大議論（二〇一八年〜）
「特定技能」創設（二〇一九年四月〜）
特定技能制度の可能性

「留学」と「家族滞在」が外国人労働者の四分の一近く
「開発途上国への技術移転」は本当か？
コラム　国境と人間――ロヒンギャ難民キャンプで考えたこと

第四章　これからの移民社会――159

そもそも「移民」とは何か
移民の歴史的価値を再認識すべき
「人材開国！　日本型移民国家」と言った自民党
人口減少社会に気づいて受け入れ論議が沸騰
『人口減少社会の外国人問題』を国会議員に配布
リーマンショックで頓挫
欺瞞の入管法改正
禁句になった「外国人労働者」
国連からの勧告

期間限定労働なら、それを正直に明言すべき
市民運動、労働運動でも韓国に学んだ方がいい日本
日本社会をじわじわと破壊する「使い捨て」労働
元凶は「新時代の『日本的経営』」
人権・オリンピック憲章・ＳＤＧｓ
まずは技能実習生の救済を
技能実習制度をやめても、困る人はいない
「出稼ぎ労働者」が交渉で勝ち取ってきた権利
国際基準である「家族の統合権」を認めない日本
行政の不備――「税金滞納」通知も日本語文書のみ。読めずに高額な延滞金
防災訓練や防災放送も外国籍住民が参加できるものを
政府の欺瞞がヘイト・スピーチを生む
労働のマッチングはハローワークを使うべき
ハローワークが注意すべきこと
デマやフェイクにだまされないために、必ずファクト・チェックを

「外国人が健康保険タダ乗り」というデマ
「単一民族国家」というデマ
「外国人が職を奪う」というデマ
ヘイト犯罪に刑事罰を
川崎市が画期的な条例でヘイトに罰金刑
非正規滞在労働者にアムネスティ（正規化）を
移民基本法の制定を
国際人権条約の完全批准を
一〇〇万人以上の難民を受け入れているドイツと、受け入れ数二桁の日本
コラム　新型コロナウイルスをめぐって
エピローグ――232
東日本大震災で在留外国人たちが支援
「技能実習生や従業員を一番に避難させたよ」と胸を張った社長

「名無しの震災救援団」に、さまざまな国籍の移住者が参加
ＴＩＰヒーロー賞受賞の裏話
官民一体で人身売買や奴隷労働と闘うアメリカ
大手企業もサポート
農家に戻った中国人技能実習生
移住連設立に参加して
「贈るよろこび」――「おわりに」にかえて――――
贈るよろこび　惜しみなき贈与

構成／稲垣　收
図版作成／ＭＯＴＨＥＲ

はじめに

筆者がバングラデシュ人のラナという青年から相談を受けたのは一九九一年でした。彼は大手自動車会社の下請け零細工場で働いていて、安全装置の付いていない金属プレス機に挟まれ、指を三本も落としていました。しかし会社は労働災害申請もしてくれず、一〇〇万円だけ渡して帰国させようとしていたのです。

ラナから話を聞き、会社側と交渉すると同時に主治医に話を聞くため、千葉県野田市の小張《こばり》総合病院に行きました。病院のロビーに入るとびっくりしました。包帯姿の外国人が大勢いたからです。

「これは大変なことが起きているな」と実感しました。

二〇〇五年に岐阜県の縫製業者のところで「研修・技能実習」として働いていた女性たちは、一カ月で合計四〇〇時間以上働かされていました。この上なく過酷な労働時間です。そして、彼女たちの残業代は時給三〇〇円でした。

二〇〇八年には、「技能実習生」の中国人女性たちが山梨県のクリーニング工場から東京まで逃げてきて、私たちに助けを求めました。彼女たちは、「縫製」「婦人子供服製造」の技能実習という名目で日本に来たのですが、縫製の仕事はいっさいさせてもらえず、ずっとクリーニング工場で働かされていました。その上、信じられない低賃金でした。彼女たちが待遇改善を要求すると、社長たちは暴力的手段を使い、強制帰国させようとしました。必死の思いで逃げ出して私たちのもとにたどり着いたとき、彼女たちの全身は傷だらけでした。

愛知県の某自動車メーカーの下請け会社では、研修生たちのトイレの使用回数と、使用時間まで、分刻みでチェックしていました。何分トイレに行ったかを記録し、一分につき一五円の罰金を取っていたのです。

この工場は、車のヘッドレストやアームレストをミシンがけして作る工場でしたが、賃金が安いことに彼女たちが抗議して賃上げ要求をしたところ、その報復措置のような形でトイレの回数と時間のチェックをするようになったのです。

外国人労働者の置かれていた状況やその後などについては、本書の中で詳しく述べたいと思います。

図１　日本の賃金労働者人口に占める外国人労働者の割合（2019年）

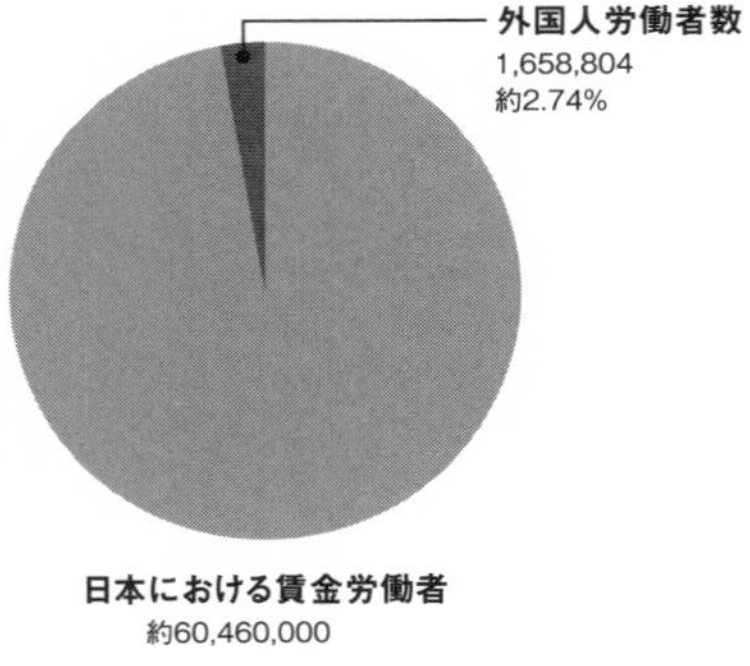

総務省「労働力調査」（2019年10月）、厚生労働省「外国人雇用状況」（2019年10月）をもとに作成

現在、都市部を中心にコンビニエンスストアや工事現場などで、外国人労働者（筆者は「外国人労働者」という区別的な表記に違和を感じ、「移住労働者」と呼んだ方がいいと思っています。しかし、そこにはいろいろ議論もあり、「移住労働者」という言い方が、まだ耳慣れないものであることも考慮し、本書では暫定的に「外国人労働者」と記します）の姿を以前にも増してよく見かけるようになりました。厚生労働省が二〇二〇年一月三一日に発表した「外国人雇用状況」データでは、二〇一九年に事業主から届け出があった外国人労働者数は、およそ一六六万人です。

実質的に「移民社会」は、すでに始まっているのです。さらに経団連の後押しもあって、外国人労働者の就労は今後も拡大されることが決まっています。二〇一九年四月、改正「出入国管理及び難民認定法（入管法）」などが施行され、在留資格「特定技能」による外国人労働者の受け入れが開始されました。これは今まで、「単純労働者は受け入れない」としてきた従来の政府方針を転換するもので、より多くの外国出身の人が日本を訪れ、働き、暮らすようになるでしょう。

しかし、はたしてこの日本はそれに見合った社会となっているでしょうか？

冒頭に挙げたラナはオーバーステイ（超過滞在）で、それが発覚するのを恐れた会社側は労災申請をためらっていました。彼のように大きなケガをしても、会社が労災を申請してくれないという外国人労働者はたくさんいます。また、山梨や岐阜の中国人労働者の女性たちのように、驚くべき低賃金で早朝から深夜まで働かされている技能実習生たちも、全国に大勢います。

こうした「奴隷労働」が行われる背景には、日本政府の欺瞞《ぎまん》があります。

私たちが暮らすこの社会が、彼ら彼女らの労働力を必要としているにもかかわらず、今の政権は「特定の人々」の反発を恐れて「移民」という言葉を使うことをためらい、正当に就労できる在留資格（ビザ）を作ろうとしません。過去四〇年、はじめは観光ビザでオーバーステイ、また今では技能実習生や留学生など、就労名目以外のビザで入国し働く労働者が多いのです。

そして労働者と呼ばず「開発途上国への技術移転である」という名目で技能実習制度としてア

図2　日本の外国人登録者数・在留外国人数

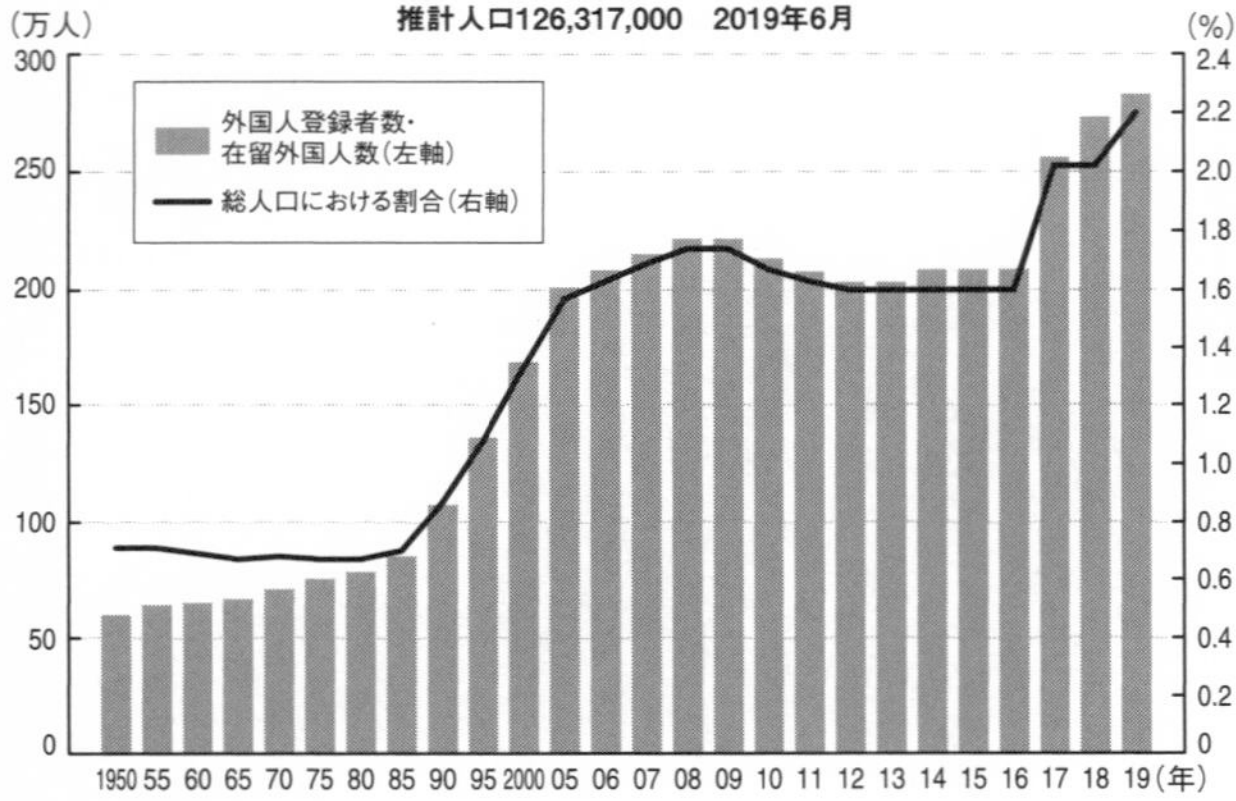

法務省の資料をもとに作成

ジアの国々から多くの人たちを受け入れた結果、実態は労働者であるにもかかわらず、「研修」と「技能実習」の混同とあいまいな解釈に加えて「教えてあげている」との傲慢さが蔓延《まんえん》してしまい、奴隷労働の温床になっています。このことは、アメリカ国務省や国連の人権機関などから再三指摘されています。

さて、筆者の私自身は、二〇代から労働組合運動に関わり、外国人労働者の支援活動も始めて三〇年を超えています。二〇二〇年現在は、「特定非営利活動法人 移住者と連帯する全国ネットワーク（移住連）」の代表理事をしています。

外国人労働者や移民をめぐる問題に関しては、世間で非常に多くのフェイク情報が流布しているため、放置することなく、それらに対してファクト・チェックをしていくことがなにより大事だと筆者は考えています。

そこで、この本の中でも、数字や統計をしばしば引用して扱うことになります。それを、現場で筆者たちが見た事実を紹介しながら照らし合わせていく、という形で本書を書き進めたいと思います。

筆者がグラフや数字というものに重きを置くようになったのは「現場の実感と、政府などから発表される数字やデータが大きく食い違っている」と感じることが多かったからです。それについて、自分の経験だけの判断でなく、数字やデータをもう一度確認してみる、ということに留意してきました。ひとりよがりにならないための「裏付け」をしっかり取りたいと思ったからです。

ただし、筆者は長年にわたって外国人労働者の問題にたずさわってきましたが、学者ではありません。法律家でもなく、オルグ（オーガナイザー）、実務家です。しかし、現場で起きている事実にそぐわない数字、データ、そしてそれらによるキャンペーン、デマ、フェイク情報に対しては、心情や正義や経験だけではなく、やはり数字、データ、事実を突きつけて反証してきました。そのことが研究者からも信頼と支持を受けてきたと考えています。私たちの活動、運動づくりもまた、数字、データ、つまりファクトに従うべきだと考えています。数字、データを操作してはいけません。事実を直視し、事実に則した道を考えるべきでしょう。現場とデータを結びつけるのが私たちの役割でもあります。

思想信条は大切ですが、事実を思想信条の「ワク」に押し込んではいけません。これは私たち市民社会が移民政策を考える上での肝だと考えます。

さて、「移民」という言葉に接するとき、日本ではネガティブな情報に傾きがちです。ですが、例えば、東京オリンピック・パラリンピックの場合はどうでしょうか。延期になり、最終的な開催をめぐることは二〇二〇年五月現在まだわかりませんが、この大会を準備するにあたっては、人々が移動すること、ひいては移民について、この日本社会があらためて考える機会となりました。

そして、新型コロナウイルスです。二〇一九年末から世界各地に拡散し、地域によっては多数の死者を生み出しているがゆえに「コロナ禍」とも言われますが、その影響は必ずしも「禍」の側面だけではなく、新型ウイルスが私たちに示してくれた実像と課題があると筆者は考えています。どういうことか？　ウイルスの影響は日本を含む多くの地域でロックダウン（都市封鎖）などをさせ、国内はおろか国境をまたいだ人々の動きや経済活動を大きく制限しています。ですが、同時にこの過程で、「誰ひとり取り残さず幸福を享受できるようにしよう」という次の社会で何を尊重して何が必要なのかを教えてくれていると思うのです。これはすなわち、移民政策をどうしていくかという問題提起、私たちが今悩んでいることに対する答えに直結します。

移民についてよく考え、本当に必要な策をめぐらすことは、日本社会のみならず、多くの人々にとって大きなチャンスになるだろうと思います。そのことを本書でお伝えできれば望外の幸せです。

プロローグ

入管施設の「闇」――死亡事件、自殺、人権侵害

今、出入国在留管理庁（入管庁）の収容所の、収容者に対する待遇が大きな問題になっています。

二〇一九年六月。長崎県の大村入国管理センターで長期収容に抗議してハンガーストライキをしていたナイジェリア人男性、オカサ・ジェラルドさんが死亡する事件が起きました。ジェラルドさんは三年七カ月もの長期間、同センターに収容されていました。収容者がこうして亡くなるケースは、これが初めてではありません。

現在、日本には、八万人近い非正規滞在者がいます。その中には、日本で生まれ育った子どもや、日本に家族がいる人、もはや母国で生活基盤を築くことが難しい長期滞在者や、難民であるにもかかわらず難民認定が受けられなかった人、さまざまな事情によって本国への帰還が困難である人など、日本以外で生きる選択肢のない人もいます。

そして、全国で常時一〇〇〇人以上が入管の収容所での生活を強いられているのです。彼女らは、強制送還の恐怖におびえ、自由もなく、人権もほとんど認められず、過酷な状態で収容されています。入管収容施設内の処遇は、国連が定めている「被拘禁者処遇最低基準規則（マンデラ・ルール）」などの国際人権基準に到底及ばない劣悪なものなのです。

その上、ここ数年、ほとんど仮放免許可もおりず、長期収容者が急増しており、収容施設内での自殺未遂や死亡事件が跡を絶ちません。

二〇一九年夏には、東京入管の収容所で、長期収容に抗議するハンガーストライキを行っていた女性の被収容者三人が、「懲罰房」と呼ばれる独房に監禁され、天井に監視カメラが設置された部屋で着替えをしたり、トイレで排泄《はいせつ》したりする際も常時監視されていることが問題になりました。同年一一月八日の法務委員会で、初鹿明博衆議院議員がこの件について質問しました。これに対し、入管庁の髙嶋智光次長は「部屋によるが、トイレの部分が映る部屋もある」と事実を認めました。森まさこ法務大臣はこの問題について、「トイレのときに、カメラに映らないようにするということは、人権に配慮することでありますので、適正な処遇に努めたいと思います」と答弁しました。

この懲罰房の問題に象徴されているように、入管収容所内で行われていることは、残念ながら非人道的なことが大変多いのです。

入管では「過剰制圧」事件もしばしば起きています。二〇一八年一〇月に同じ東京入管で、職員の指示に抵抗したブラジル人男性が、複数の職員に床に押さえつけられ肩を負傷する事件が起きましたし、同年五月にはクルド人が過剰制圧で首を負傷、二〇一七年七月には、大阪入管でトルコ人が右腕を骨折しています。

なぜこういう事件が頻発するのでしょう？　これは、入管内部になかなか外部からのチェックが入らないのも原因の一つです。収容施設の運営をモニタリングする「入国者収容所等視察委員会」が二〇一〇年に設立されましたが、この委員会は政府から独立しておらず、権限も予算も不十分で、十分な機能を果たしているとは言えません。そんな中で長期拘束の末に餓死したり、自殺したり、亡くなったりする人が出ているのです。

いないことになっている「外国人労働者」が日本経済を支えてきた

「不法滞在は不法滞在じゃないか」という声も当然あるでしょう。しかし、入管収容所に収容されている人の多くは、「オーバーステイ（超過滞在）」「不法労働者」と呼ばれながらも実際は、これまで日本経済の根底を支えてきた人たちなのです。

筆者が代表理事を務めるNPO「移住者と連帯する全国ネットワーク」は、「こうした収容者に人道的な対応を取ってください」と国会議員の方たちにお願いしに行くのですが、これがなかなか簡単ではありません。「法律に違反しているんだから、しょうがないじゃないか」と考える人が一般の人と同じように、与野党を問わず国会議員にも多いからです。

しかし「それは、あまりにも恩知らずではないですか」と私は思います。「さんざん世話になった人たちに対して、何を言っているのですか」と。

長年この問題に関わってきた筆者から言わせれば、外国人労働者というのは「いるのに、いないことになっている人たち」です。法的なシステムが欠落している、いや、法的な抜け穴や言葉のすり替えなどのごまかしの末に彼ら彼女らは「不法」と呼ばれてしまうのです。

では、「いないことになっている」とは、どういうことでしょう?

一九八〇年代もまた、大勢の外国人が日本に働きにやって来ました。この八〇年代以降に日本に移住した人々を、私たちは「ニューカマー」と呼んでいます(一方、戦前の植民地支配の一環で日本に朝鮮半島や中国、台湾など旧植民地から労働者として来たり、連れてこられたりした人たちとその子孫を「オールドカマー」と呼びます)。

彼ら彼女らは、なぜ日本にやって来たのでしょう? それは、仕事があり、日本社会も労働

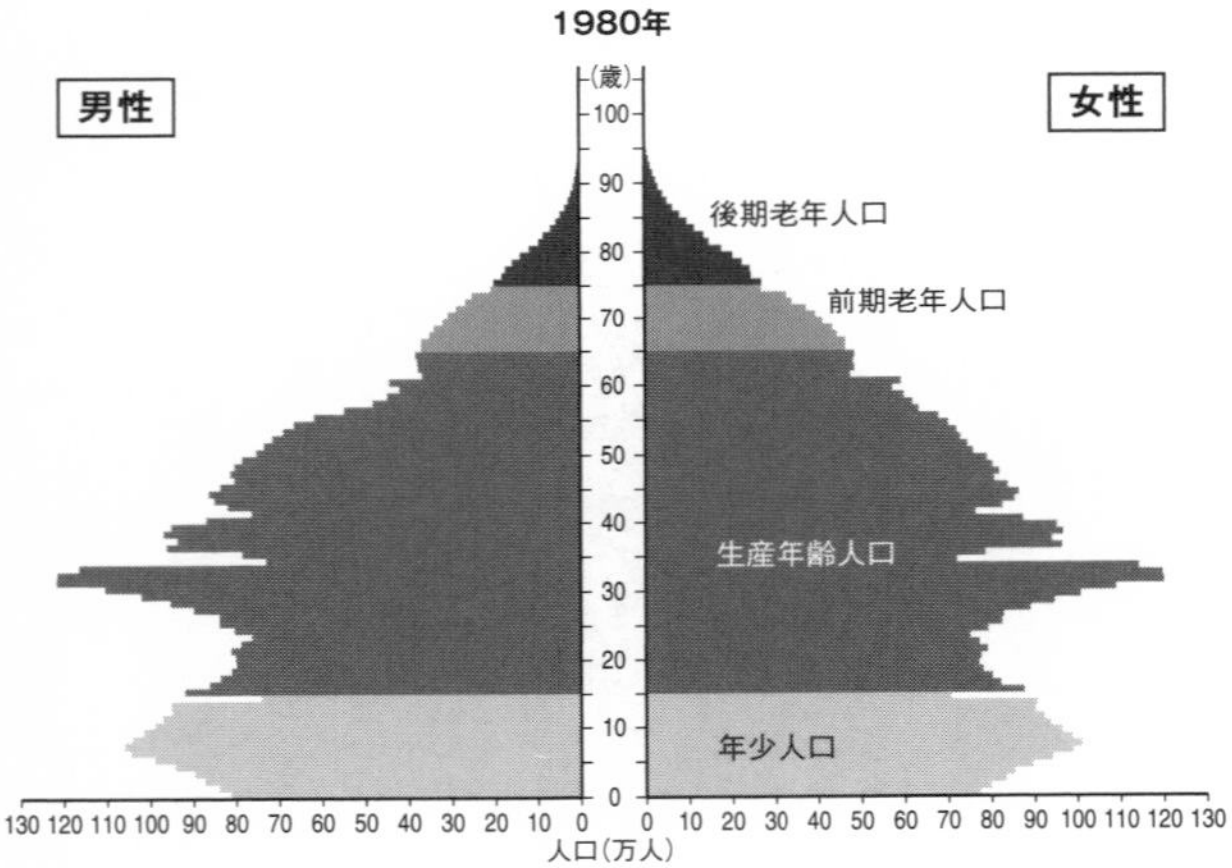

1980年
男性
女性
(歳)
後期老年人口
前期老年人口
生産年齢人口
年少人口
人口(万人)

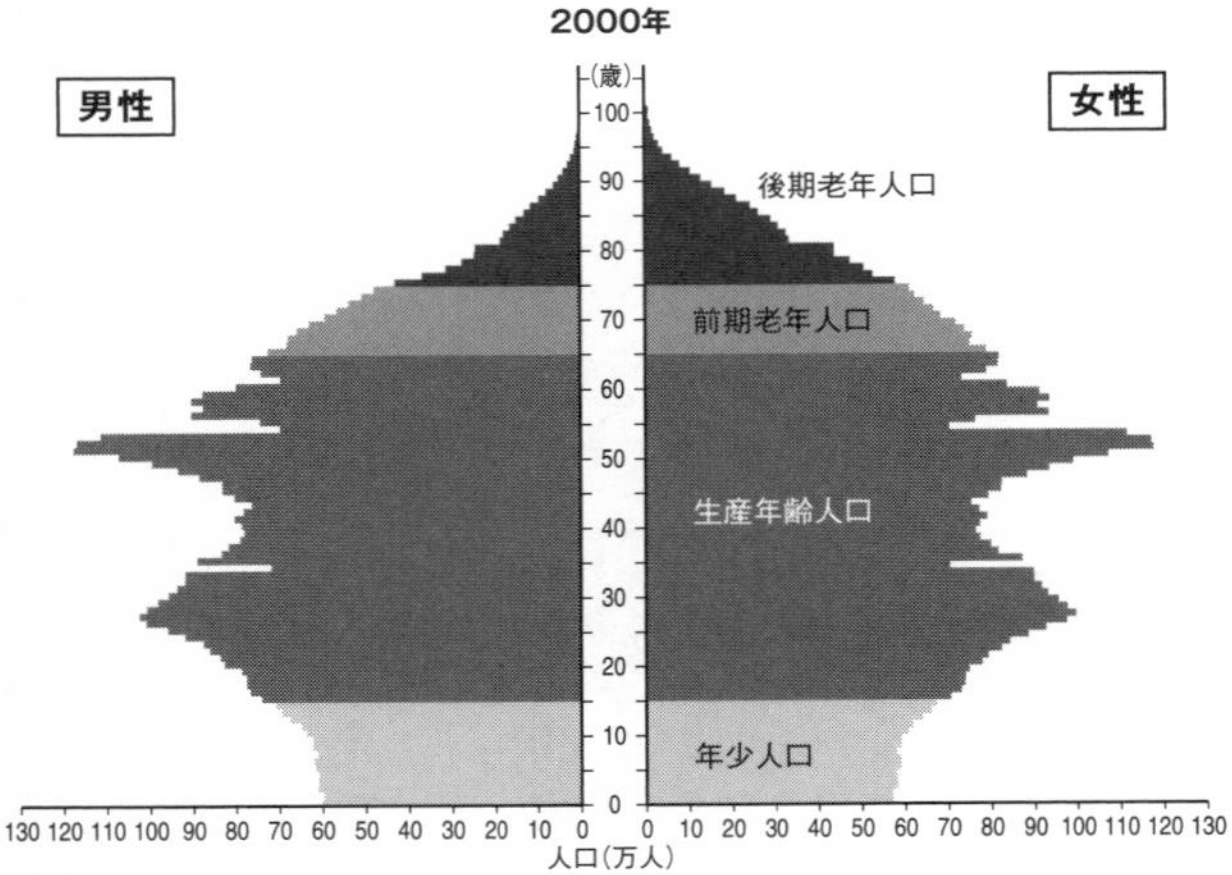

2000年
男性
女性
(歳)
後期老年人口
前期老年人口
生産年齢人口
年少人口
人口(万人)

図3　日本の人口ピラミッドの推移

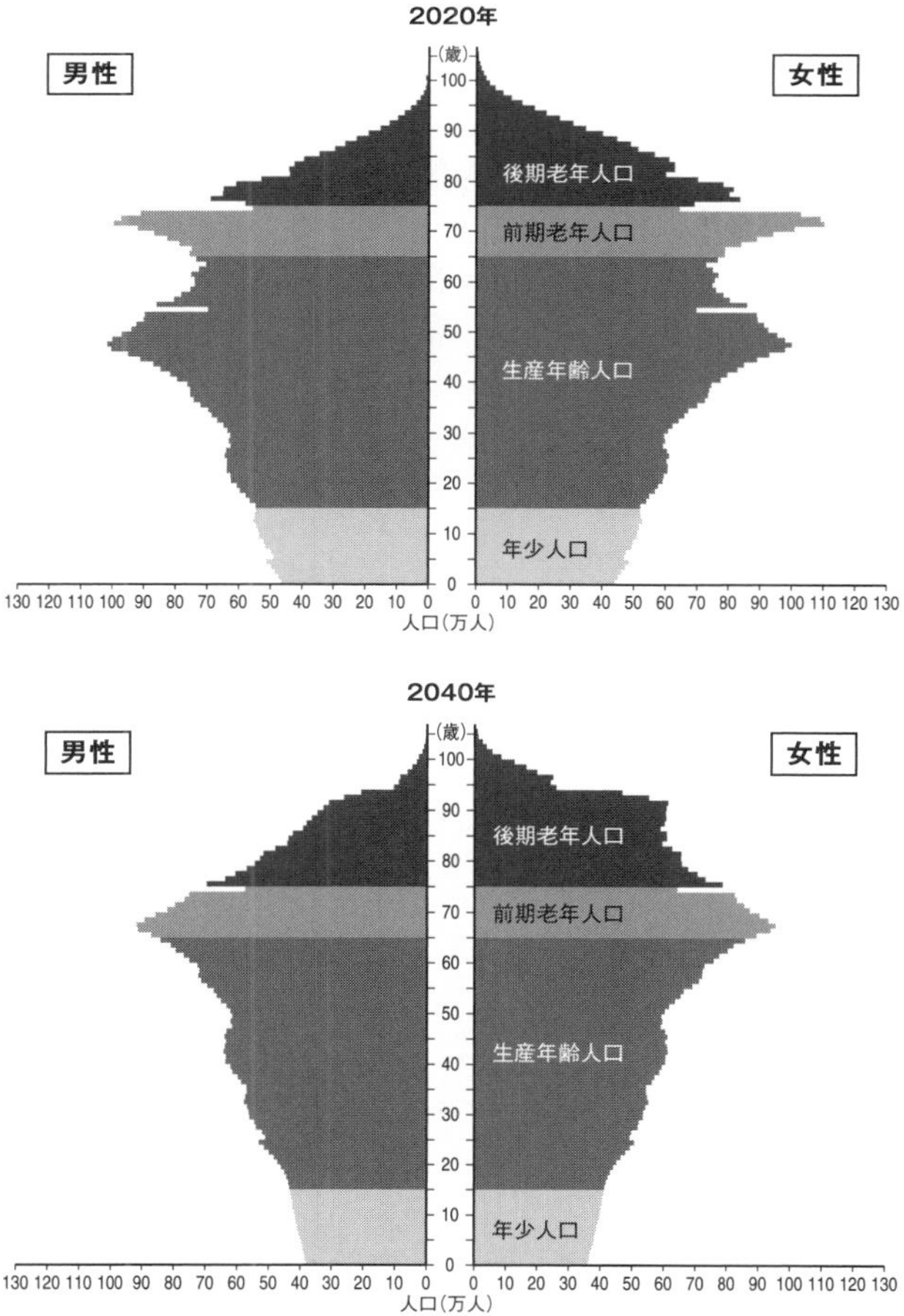

国立社会保障・人口問題研究所「人口ピラミッド」をもとに作成

図4　年齢3区分別人口の推移と将来推計

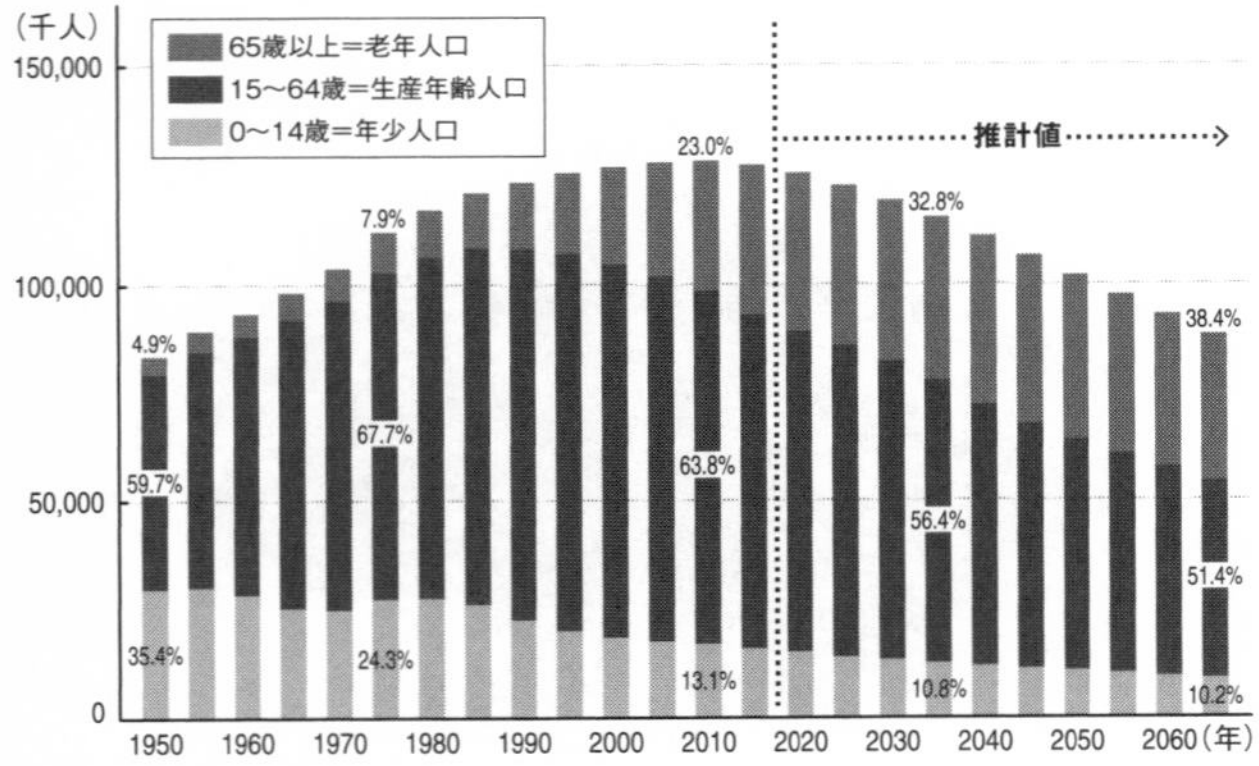

2020年以降は中位推計による推計値
国立社会保障・人口問題研究所『日本の将来推計人口（平成29年推計）』をもとに作成
提供：鈴木江理子（国士舘大学教授）

力を必要としていたからです。そしてそれは今も変わりません。いえ、それどころかむしろ、少子高齢化、地方の過疎化に拍車がかかり、以前よりも移住者の必要性はさらに高まる一方なのです。

当時、彼ら彼女らは成田空港に降り立つと、例えば国道一六号沿いや、東武東上線・伊勢崎線の沿線で列車を降り、町工場のドアをコンコンと叩《たた》いて「仕事ありますか」と尋ねてまわりました。人手不足でしたから、当然仕事はありました。そうした工場に直接雇ってもらい、働いていたのです。

彼ら彼女らは観光ビザで入国し、多くは観光ビザの期限も切れたオーバーステイの状態でした。しかし、彼ら彼女らを雇わなければこなしきれないほどの仕事が、当時はあったのです。

そんな時代でしたから、警察官が外国人に路上で職務質問して、オーバーステイと判明し連行しても、工場の社長が交番まで走って行って「今、連れて行かれると本当に困る！ 工場が止まっちゃうんです！」と頼み込むと、警察官も「ああ、そうか」と言って放免してくれたものです。

そんなふうに外国人労働者たちは、たとえ観光ビザで来ていても、そのビザが切れてオーバーステイになっていても、バブル経済と言われた当時、日本経済を支えるために実質的に容認されてきたのです。

一三五ページの図11にあるように、一九九三年には、入管発表の統計値で二九万九〇〇〇人、実数では三〇万人超のオーバーステイ労働者がいたでしょう。なぜ、そんなにも多くの人たちが日本にいることが可能だったのでしょう？

これは「オーバーステイ容認」政策とも呼ぶべき政策を日本政府が取っていたからです。公式には認めていませんが、政府の政策だったことは明らかです。つまり彼ら彼女らがいなければ、「日本経済を支えることができない」とわかっていたのです。

では、現在、「不法滞在」で入管の収容所に拘束されている大多数の人々は、いったいどういった人たちでしょうか？

彼ら彼女らこそ日本経済を担い、長年にわたり日本を拠点に生活を営んできた人々です。それなのに、ひとたび不景気になり都合が悪くなると、それまで多くの日本人がやりたがらない仕事を引き受けてくれていた人たちを、「不法だ」と言って狩りたて、逮捕し、入管の収容所に放り込んだり、強制送還しているのです。

「不法労働者」に助けられた過去を「なかった」ことにする政府

さて、なぜニューカマーの一部は「不法」にもかかわらず、日本に残ったのでしょうか？それは、彼ら彼女らが、日本の社会になじんだからです。長期に滞在すればするほど、法律的には「違反が続いている」ことになってしまいますが、事実としては「この社会になじんでいるからこそ、長くいる」わけです。

現在、収容所に入れられている人たちが、どういう経過で日本に来て、どういう働き方をしていたのかについては後述しますが、一人ひとりに、それぞれのストーリーがあるのです。そこをちゃんと見つめることが、とても大切ではないかと、筆者は思います。

しかし、政府は都合の悪い過去にはフタをしてしまって、あの時代のことはなかったことにしようとしています。「オーバーステイの人たちにお世話になった事実」を覆い隠してしまおうというのです。そして政府は今でも「移民はいない」と言っていますが、これも事実に反しています。直言すれば、バブル時代からオーバーステイして働いていた人たちの実態は「移民」なのです。

「オーバーステイ労働者」も「連れてこられた人」も国連定義では「移民」

世界的な人の移動（移住）の問題を専門に扱う唯一の国連機関であるＩＯＭ（International Organization for Migration：国際移住機関）では「移民」を次のように定義しています。

当人の（1）法的地位、（2）移動が自発的か非自発的か、（3）移動の理由、（4）滞在期間にかかわらず、本来の居住地を離れて、国境を越えるか、一国内で移動している、または移動したあらゆる人。

これに従えば、オーバーステイして日本で働いていた人も「法的地位にかかわらず」「本来の居住地を離れて、国境を越え」て日本に移動したので、「移民」です。

また、日本政府は戦前から植民地支配のもとで朝鮮半島や中国、台湾など、アジアの人々を日本に連れて来て、労働者として使ってきました。もっと正直に言えば「使い捨て」にしていました。そうした労働者の中で日本にとどまった人たちがオールドカマーです。彼ら彼女らもまた、「移動が自発的か非自発的かにかかわらず」「本来の居住地を離れて、国境を越え」て日本に移動して暮らしていたのだから、「移民」の定義に当てはまるわけです。

例えば留学ビザでアルバイトをしている留学生や短期的滞在の人は、自国に帰ることもともとにいとわないし、帰る手段も場所もありますが、日本に来てオーバーステイで長年働いてきた結果、不法滞在とされ拘束された人たちは、もはや出身国に生活基盤や働いていく基盤などを持たない場合が多いのです。「帰らない」のではなく「帰ることもできない」というのが実情です。彼ら彼女らの人生においては、もはや日本社会で生きていくことが一番自然であり、日本が自分にとって最も生活しやすい場所になっているのです。しかし、現在の日本の政策は、彼ら彼女らの生活を根底から奪おうとしています。

こうした事実を直視しないのが、日本社会の大きな弱点です。これは移民の問題にとどまらず少数者への視点を欠いた「戦後民主主義」の問題でもあります。

民主主義の基本的な考え方として「一人も残さず、平等に、人権を尊重する」という理念があります。そして「人身売買や奴隷労働の根絶」も、民主主義の約束の一つであるにもかかわらず、残念ながら日本では、このことがずっと見過ごされてきました。戦前戦後を通じて「移民がこの社会を支え続けている」という事実が、日本では隠され続けてきたのです。

多くの「ゲスト労働者」を招いたドイツの公式声明

比較のために紹介すると、例えばドイツはどのように外国人労働者を位置づけてきたでしょうか。

一九九〇年東西ドイツ統一以前の西ドイツもまた「ガストアルバイター（ゲスト労働者）」として、トルコ人らを多く招き入れ、ドイツの高度経済成長を支えてもらっていました。彼らは家族でドイツに住み、子どもを生み、育て、今では第四世代が生まれています。二〇一八年の段階で、ドイツの人口の約四分の一にあたる二〇八〇万人が外国にルーツを持つ人たちで、そのうちトルコ系住民は約二八〇万人にも上ります（ドイツ連邦統計局発表）。

一時「ガストアルバイターが社会不安をもたらしている」などというヘイト扇動もありましたが、ドイツ政府は公式に「ガストアルバイター」のドイツ社会、経済への貢献を明言しています。最近では二〇一八年一二月にメルケル首相が公式に発言しています。

東京も大阪も「出稼ぎ労働者」が住みついて大都市となった

外国人労働者について、「稼いだら帰ってもらったらいい」と言う人がよくいますが、稼いで帰った後はどうなのか、ということまで考えるのが「多民族・多文化共生」移民政策において、不可欠で大切な要素です。

そもそも人を単に、「労働力」としてとらえること自体が誤りなのです。人は働きもしますが、さまざまな感情を持ち、恋愛をしたり、他の人と関係を築いたり、暮らしている場所や文化に愛着を持ったりもします。そういう「人としての在り方」を無視して、「労働力だけいただこう」というのは、非常に自分勝手で傲慢な考え方ではないでしょうか。

ですから、日本に働きに来て、何年もここで暮らしてなじみ、出身国に帰りたくない人には、安心して住み続けられるようにすることが大切なのです。彼ら彼女らはもはや日本になじんでしまって「ここが自分の今の家であり、自分の居場所である」と感じているのですから。

これはかつて日本でも地方から東京や大阪、名古屋などに出稼ぎに来た労働者が、その土地になじみ、「ここがいいな」と思って定住していくうちに大都市を形成したのと事情はまったく同じです。現代では飛行機など交通機関が発達して、国境を越えて人々が往来しているだけに過ぎないのです。移民というのは「受け入れる」とか「受け入れない」とか、「送り出す」とか「受け入れる」という関係ではなくて、単に人が移動するということなのです。

国内、海外問わずボーダーを越え人が移動するときに、人権や労働基準、労働者の権利がどのように担保されていくのか、労働する側と雇う側（使う側）の「労使対等原則」がどう担保されるのかということが重要になってくるのです。

ですから移民問題というのは、労働問題であり、人権問題にほかならないのです。

海外ルーツの人たちが大活躍する「移民社会」日本

また、移民を考えるときに、文化的側面も見逃せません。歴史をひもとけば、日本に稲作や仏教、漢字などの文化をもたらしたのも、朝鮮半島や中国からやって来て、この社会に移り住んだ渡来人です。私たちが日々食べているお米や、毎日読んだり書いたりしている漢字もそこから生まれた仮名も、大陸からこの国にやって来て伝えてくれた人たちがいたからこそ、日本にあるのです。

そして現在、経済界では、韓国にルーツを持つソフトバンク会長の孫正義さんらが活躍していますし、スポーツ界では海外にルーツを持つ人たちの活躍ぶりが、さらに顕著です。プロ野球では、中国や朝鮮半島にルーツを持つ王貞治さん、金田正一さん、張本勲さんらが大活躍しましたし、最近ではダルビッシュ有選手は、お父さんがイラン出身です。二〇一九年のラグビーのワールドカップ日本代表チームにも、非常に多様なルーツを持つ選手が集まりました。テニスで日本人初の世界ランキング一位を取った大坂なおみ選手やNBAの八村塁選手、陸上のサニブラウン・アブデル・ハキーム選手、柔道のウルフ・アロン選手など、いろいろな国、地域とつながりのある人々が今の日本社会で暮らし、日本という枠をも超えて活躍しているのです。私たちはそういう事実を直視し、きちんと向かい合っていく必要があります。

繰り返しますが、「移民を受け入れる」「受け入れない」などという議論以前に、日本はずっと前から移民社会になっているのです。しかも今、経団連の要請もあり外国人労働者の就労拡大が政策として決められ実行されています。それにもかかわらず、政府は「移民政策は取らない」とか「移民政策とは異なる」などと言って、偽装しているのです。

そんなことをやっていては、外国人労働者の待遇改善はおろか、民主主義社会として成熟を望むことはできません。また、そうしたズルいやり方を続けていれば、排外主義的なヘイト・スピーチやヘイト・クライムを助長し分断社会となることは容易に想像できます。では、国籍を問わず正当な労使関係を構築し、民主主義を進め、深めていくためにはどうしていけばいいでしょうか。

詳しい提案は第四章でしますが、なによりもまず、すでに日本が「多民族・多文化共生社会」になっているという事実を認めることだと思います。

移民の時代は「チャンスの時代」

また、言うまでもなく現代日本は「少子高齢社会」です。

こういうと非常にネガティブに聞こえますが、筆者は現在日本が置かれている状況は、ある意味「チャンス」であるととらえています。

明治時代のように単純に「人口が国力だ」と考え、「産めよ増やせよ」と奨励するのではなく、「今後どういう国、どういう社会を作っていきたいのか」と考えるチャンスを今、私たちは与えられているのです。その答えの一つが、移民政策とも言えます。実は私たち日本人が受け入れ側として移民政策について議論することは、初めての経験です。

欧米では、移民というのは当たり前で、ゲルマン民族の大移動という世界史用語の通り、そもそも「民族移動」によって国家が形成されていった歴史があります。

そして現在、超大国になっているアメリカ合衆国も、移民が作った国です。カナダやオーストラリア、ニュージーランドもそうです。また、ヨーロッパではEUの統合により、圏内での人の移動がいっそう活発になりました。欧米にはそうした歴史があった上で、それについてさまざまな議論がされてきて、いろいろ試行錯誤されてきたのです。

一方この日本では今回が初めての議論となるので、逆に既成のものとは違う新たな制度、文化を作っていくチャンスになるだろうと、私は見ています。

単に「欧米の中にいいモデルを探し出す」ということではなく、そこからいろいろな側面を見て取り、ヒントにしていけばよいのです。さらに欧米だけでなく、例えば韓国なども移民社会としていいモデルを作っている可能性があるので、そういう実例を見ていくと参考になるでしょう。

韓国では日本の技能実習制度を焼き直して、一九九三年から、「産業研修制度」を作りました。これは三年以内しか滞在できず、職場移動の自由もない制度で、オーバーステイの非正規労働者よりも低賃金にされるなどの矛盾があったため、二〇〇四年には国家間をまたぐ「職業紹介」組織が創設され、「雇用許可制」が開始されました。これによって国内で労働者を確保できない韓国企業は、政府の「雇用労働部」から雇用許可を取得して、合法的に外国人労働者を雇用できるようになりました。これによって雇用される外国人労働者は、韓国人労働者と同じ待遇で、労働基準も同じになりました。まだまだ課題はあるようですが、こうしたことを経て、「産業研修制度」は二〇〇七年に完全に廃止になったのです。

また、中国はウイグルやチベットなど少数民族、香港《ホンコン》の自治に対する弾圧や統制という大きな問題も抱えていますが、一方で私たちが想像している以上に「多民族・多文化共生社会」になっている部分もあります。

実際に中国に行ってみると、「中国人」とひと言ではくくれない、実にたくさんの民族の人たちが、お互いの考え方や伝統・習慣の違いもあって、時の権力者の施策によって弾圧を被ったり、それに反発したりしながらも、共生を探っているのです。

そうした欧米やアジア諸国がやって来た多民族・多文化共生の知恵や工夫、さまざまなトライアルや挑戦などを参考にしながら「どういう社会を作っていくのか」を議論していく、そういうチャンスの時代に来ているということです。

第一章　外国人労働者をめぐる環境

外国人労働者が日本にたくさんいることには、プロローグで述べた通り、肯定的で、ポジティィブな側面があります。彼ら彼女らの存在は、この社会にダイナミズムや新しい文化など刺激をもたらしますし、この社会を実際にさまざまな面で革新し、動かしています。

しかし外国人労働者が、実際にこの社会で置かれている状況はどんなものでしょうか？　まず実情を知ることが大切です。この章では、日本で彼ら彼女らを取り巻く環境を見ていくことにしましょう。

アメリカ国務省や国連から厳しい勧告

現状はどうか？　残念ながら日本において外国人労働者はモノ扱いされているケースが多く、「使い捨て」が横行しているのが実情です。

また、そんな状況に関して、国内の公的機関が指摘したり警鐘を鳴らしたりすることはこれまでほとんどありませんでした。市民団体やNGOがいろいろ問題提起をして、マスメディアもときどき取り上げることがある、という程度にとどまっていたのです。

ところが二〇〇七年に、アメリカ国務省の『人身売買年次報告書（Trafficking In Persons Report＝略称TIPレポート）』が、「日本の外国人研修・技能実習制度は問題だ」と指摘したのです。これが、日本で外国人労働者が置かれている状況に注目が集まる、非常に大きなきっかけになりました。

そしてこれは、アメリカ国務省が唐突に『人身売買年次報告書』で指摘した、ということではないのです。

実は、二〇〇五年に私たちが〝時給三〇〇円の労働者キャンペーン〟をスタートさせ、「岐阜行動」という抗議行動を起こしていたのです（第二章で後述）。これによって、縫製工場で働かされていた外国人研修生や技能実習生に対する残業代が「時給三〇〇円」しか払われていないという実態が明らかになりました。そしてこれが、岐阜労働基準監督署や岐阜労働局、さらには厚労省全体を動かすまでになっていったのです。

私たち移住連や、他のNGOも、その前後から国際社会へのロビー活動を行ってきました。

図5　国連などからの勧告と批判

アメリカ国務省『人身売買年次報告書』	2007年版〜2019年版
国連自由権規約委員会総括所見・勧告	2008年10月30日
国連女性差別撤廃委員会総括所見	2009年8月7日
国連女性と子どもの人身売買特別報告者勧告	2010年6月3日
移住者の人権に関する国連の特別報告者勧告	2011年3月21日
国連自由権規約委員会総括所見・勧告	2014年7月25日
国連人種差別撤廃委員会総括所見・勧告	2018年8月31日

当時一番積極的に動いてくれたのは、アムネスティ・インターナショナル日本の川上園子さんです。

川上さんは、元々インドネシアの民主化運動などにも非常に関心を持っていたので、その関係で技能実習制度の問題に関わり始めたのです。そして実態を知るにつれて国際社会への働きかけをするべきだと考え、積極的にアメリカ大使館や国務省に働きかけたのです。

こうした経緯で、アメリカ大使館や国務省からのヒアリングが行われ、その結果、二〇〇七年のアメリカ国務省の『人身売買年次報告書』で指摘されることになったのです。国際機関が日本の奴隷労働の状況、外国人労働者が使い捨てになっている状況を指摘したのは、この『人身売買年次報告書』が初めてでしたが、以後二〇一九年の年次報告書まで、毎年指摘されています。

さらに、二〇〇八年からは国連の人権機関からもほぼ毎

2010年3月24日、エゼイロさん（前列左）と技能実習生たち

年、かなり厳しく指摘をされているのです。
二〇〇九年七月に日本公式訪問を行った「人身取引に関する国連の特別報告者」ジョイ・ンゴジ・エゼイロさん（Ms. Joy Ngozi Ezeilo 日本では「ジョイ・ヌゴジ・エゼイロ」と表記されることも）は、訪日後すぐに、以下のような暫定的調査結果と、日本政府に対する予備的勧告を出しました。

「研修生や技能実習生制度内での虐待があること。これらは本来、一部アジア諸国への技能や技術の移転という善意の目的を備えた奨励すべき制度であるにもかかわらず、人身取引に相当するような条件での搾取的な低賃金労働に対する需要を刺激しているケースも多く見られる」
「法律上は可能であるものの、被害者が事実上、司法制度を通じて救済や補償を得られていない」
「関係当局（警察、入国管理局、検察庁）間で実効的な対策を調整する上で問題がある」
「判事を含め、これら法執行当局者が人身取引に関する適切な研修を受けていない」
「特に、被害者の本人確認と保護、および、補償を含む実効的な司法上の救済を受ける権利の行使に焦点を絞った研修が行われていない」

（以上、国連広報センターのプレスリリース 09-034-J より）
https://www.unic.or.jp/news_press/features_backgrounders/2753/

エゼイロさんはまた、翌二〇一〇年の五月に、日本政府に以下の正式な勧告もしています。

104．研修・技能実習制度に関して、政府は以下をなすべきである：
•制度およびその監視に全面的な責任をとる。ＪＩＴＣＯ（＊編集部註「公益財団法人 国際研修協力機構」。法務省、外務省、厚労省、経済産業省、国土交通省の五省が共管していた技能実習制度支援団体。二〇一二年に公益財団法人に。二〇二〇年国際人材協力機構に名称変更）は効果的な監視機能を果たしていないため、参加企業と一切関係をもたない独立した機関に、参加企業を綿密に監督し、適切な賃金と労働時間、移動の自由、プライバシー、医療費負担、まともな住環境と通訳へのアクセスなど、研修生・技能実習生の権利の完全な尊重を保障する直接的な任務を任せるべきである。そのために、労働調査を大幅に強化して、日本政府に〝実習生および研修生制度へのビザ発行の綿密な監視を続ける〟よう求めた女性差別撤廃委員会の総括所見に沿って、制度の適正な実施を厳密に監視すべきである。

・上記の研修生と実習生の権利のより効果的な保障と救済への道を含む制度を管理する法律を制定する。

・この制度のもと、濫用を通報できるホットラインと事務所を設立する。

（中略）

119．日本は、送出国との二国間協定を真剣に検討して採択し、貧困、失業、低い教育、ジェンダー不平等など人身売買の根本原因に取り組むことなどによって、長期的視点で人身売買の問題に取り組むべきである。二国間協定は最低限以下のことを含むべきである：

・送出国による送り出し組織の監視と規制の努力と、その取り組みにおける日本の支援。

・被害者が送り出される主要な出発場所の特定と、それら場所における防止プログラムの実施。
・労働および人権の観点より日本の労働法を違反している慣行である、出国前の強制的な前払いや出発前の契約書の署名を禁止する送出国の法律の条文。
（「人、とくに女性と子どもの人身売買に関する特別報告者ジョイ・ヌゴジ・エゼイロ提出の報告書」付属文書「日本公式訪問」より。反差別国際運動〈ＩＭＡＤＲ〉翻訳）
http://imadr.net/wordpress/wp-content/uploads/2012/09/T4-2-X7.pdf

また、「移住者の人権に関する国連の特別報告者」のホルヘ・ブスタマンテさんも二〇一〇年三月に日本で聞き取り調査を行った結果、研修・技能実習制度で「深刻な人権侵害が行われている」と指摘し、「研修・技能実習制度は中止し、雇用制度に切り替えるべきだ」と明言しています。

このように国連の特別報告者が、研修生や技能実習生と面接・面談をして実態の報告をし、日本政府とも面接・面談をした上で、技能実習制度の問題点を勧告しているのです。

続く二〇一四年の国連の自由権規約委員会の総括所見と勧告はかなり厳しく、「二〇〇八年に勧告を出したのに日本政府は対応していない。いったいどうなっているのか。一年以内に報告書を出せ」と命じました。これが、二〇一六年の「外国人の技能実習の適正な実施及び技能実習生の保護に関する法律（技能実習法）」制定につながる大きな動きでした（施行は二〇一七年）。

日本の研修・技能実習制度は、国際社会や国連の人権機関では、「人身売買、奴隷労働」として悪名高いのです（これらの制度の変遷は第三章で後述します）。知らぬは日本人ばかりなり、ということです。

海外のメディアも、当時から日本の人身売買に関する取材に来ていました。またインターネットのサイトも、いろいろ実態を取材した動画を流しています。

「外国人＝犯罪者」と思いがちな入管職員や警察官

法務省の元官僚で入国管理局長などを務めたＡさんという人物がいます。このキャリアからすると、外国人を取り締まる排外主義的な考えの持ち主のように思われるかもしれません。しかし、Ａさんは法務省を退職した後は外国人に対する政策の研究所を立ち上げ、移民の受け入れを提唱しているのです。

筆者がある勉強会でＡさんに初めて会った際、彼はこう言いました。

「鳥井さん、私はね、入管を辞めてわかったんですよ。中国人にもいい人がいるんだ、ということが」と。

つまり、「中国人は悪者だ」というような決めつけた見方を自分はしていた、でもそれは間違っていた、中国人にもいろいろな人がいるとわかった、とおっしゃるわけです。

「そんな当たり前のことに、やっと気づいたのか」と当時思わなくもなかったですが、そんな偏見に満ちた考え方を変えることができたAさんのことを、今では立派だと思っています。よくぞ言ったと。

入管や警察で働いている人たちの傾向としては、「人を見たら泥棒と思え」ではないですが、「外国人と見たら不法労働者と思え」というような発想になりがちです。いまだにそういう発想をしている人が存在しており、これが非常に大きな問題なのです。

こういう発想をしている人には、私たちが「被害者救済」と言っても、「被害者」と見るよりも先に「犯罪者、被疑者」として見るという考え方があるので、非常に話が通じにくい場合が多いのです。取り締まる外国人の来歴ではなく「不法就労しているかどうか」ということだけで、その人を見てしまうからです。

でも本当は、プロローグでも述べた通り、彼ら彼女らが「なぜ不法就労しているのか?」が問題なのです。そこを見ずに、単に不法就労者を摘発して収容したり強制送還するだけでは、根本的な問題解決にはなりません。

また本来なら、不法就労者を雇用している経営者側の「不法就労助長罪」と、働いている本人の「不法就労」では、「不法就労助長罪」の方が、罪としては重いはずです。

それなのに多くの場合、まず、不法就労している外国人が捕まって、その後に不法就労助長罪で社長が送検され、社長の方は罰金刑で済むのに、本人たちは何年も長期収容されたり、強制送還されるというケースがほとんどです。このように非常にアンバランスな状態になっているのです。

最近では官僚の中にも、少しはリベラルな人たちが出てきました。あるいは警察庁の中にも「人身売買と向き合おう」と頑張っている人も少しずつ増えてきました。ただ、現場の警察官や入管職員全体に、そういう意識が行きわたっているかというと、残念ながらそうではなく、外国人に会ったら「まずは犯罪者と見る」という傾向がいまだに強いのです。

長期の海外在留邦人は約一四〇万人

さて、ここに非常に興味深いデータがあります。二〇一七年、ドイツと日本との共同シンポ

図6　海外在留邦人総数推移

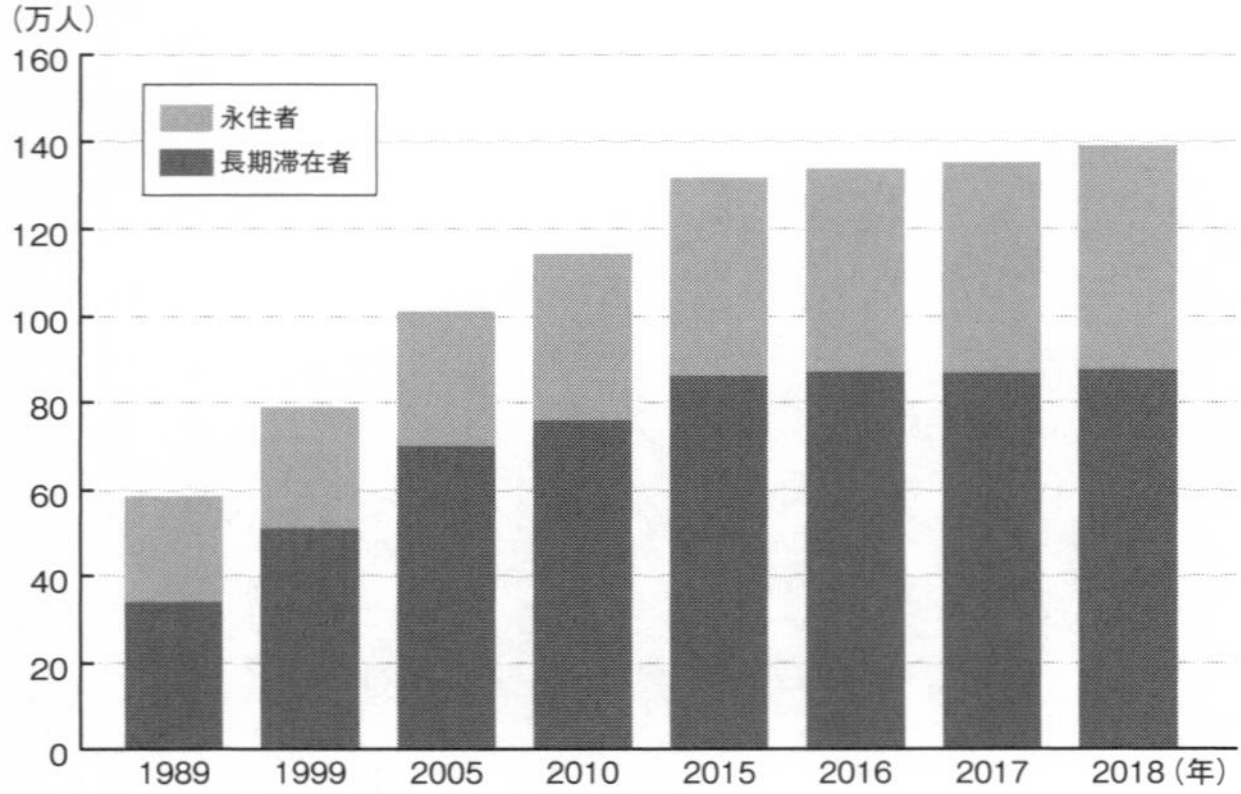

外務省「海外在留邦人数調査統計」をもとに作成

ジウムでドイツの研究者が以下のように発言されました。

「いろいろな人から〝どうしてドイツは一〇〇万人近い難民や移民を受け入れることができるのか〟と質問されますが、もう一つの事実については全然指摘されません。それは年間八〇万人近くのドイツ人が、国外に働きに行っているということです」と。

そこで日本人はどうかと思って調べてみると、二〇一八年のデータでは、海外在留邦人のうち、長期滞在者または永住者としての在留資格で海外で滞在している人が、約一四〇万人もいたのです。

長期滞在者や永住資格者が約一四〇万人ですが、三カ月未満の留学やビジネスで出かけている人を入れると、かなりの数になるでしょう。これはつまり「この地球上を、日本人を含めて非常に多くの人々が、いろいろな経済活動や社会活動のために移動しており、その移動先で定住している」ということを示しています。

そんなふうに人が移動する際、それぞれの国・地域において、その人たちの人権や労働者としての権利、労働基準など「国際基準に基づく権利がどのように担保されるか」ということは非常に大切です。そのことについては、日本も例外ではありません。

日本人がそのように海外に出ていった際に、日本の国内で横行しているような、人として不当な扱いを受けたとしたら、皆さんも問題だと思うのではないでしょうか？

日本人も「外国人労働者」である

そもそも歴史をひもとけば、最近だけでなく、過去一〇〇年以上にわたって、日本は移民を送り出してきた国です。とくに戦前の日本は、今と違って出生率が非常に高く、多くの家庭が子だくさんだったのですが、当時の農家では、基本的に長男が土地財産を相続したので、次男以下は、田畑ももらえませんでした。また、農業・漁業以外の仕事も、今ほど多くなかったため、新天地を求めて海外に出る人も多かったのです。そうしてアメリカやカナダ、ブラジル、ペルー、アルゼンチンなどに大勢の日本人が移民として渡っていきました。

日本人移民は、カナダでは森林労働に従事した人も多いですが、こうした日系移民はカナダの社会活動や経済活動、労働運動に非常に大きく寄与しています（田村紀雄『日本人移民はこうして「カナダ人」になった』芙蓉書房出版）。

また、ブラジルでも日系人が社会の中で大きな役割を果たしています。アメリカでもそうです。アメリカではとくに、ハワイに日系人が多いです。

しかし、一九四一年にハワイの真珠湾に日本軍が奇襲攻撃をかけて太平洋戦争が始まると、日系人は「敵性国民」として日系人収容所に入れられました。「アメリカの国土が直接攻撃された」ということで日本人・日系人に対する敵意が高まり、「日系人がスパイ活動や破壊活動をするのではないか」という噂《うわさ》も広まり、アメリカ政府も同じ見方をとったため、行われた措置でした。ドイツ系やイタリア系は収容所に入れられなかったのにもかかわらず、です。

しかし太平洋戦争後、とくに一九七〇年代末から、日系アメリカ人たちは名誉回復を求めて粘り強くアメリカ政府と交渉しました。その結果、一九八八年にロナルド・レーガン大統領が、日系人強制収容には法的根拠がなかったとして日系人の名誉回復を行い、大統領の公式謝罪を認める法律「市民の自由法（日系アメリカ人補償法）」に署名したのです。これにより、戦時中に収容されて被害を受けた存命の被害者全員に、二万ドルずつ賠償金が支払われました。

アメリカでもそうでしたが、人種や肌の色、出身地、宗教などによって、人は偏見を持ったり、差別しがちです。日本でも、一九二三年の関東大震災の際には、朝鮮半島出身の人たちに対する偏見とデマ、フェイク・ニュースに基づく扇動と疑心暗鬼の結果、朝鮮人虐殺が行われました。

移民が労働条件改善に貢献

アメリカは移民から成り立った国ですが、トランプ大統領は自身もまた移民の子孫であるにもかかわらず、新しい移民を排除する方向に動いています。メキシコからの密入国者が入れないよう国境に壁を建設しています。

しかしトランプ大統領はともかくとして、アメリカの場合、例えば労働組合は「移民のパワーをどう組織化するか」ということを考え、成功しています。アメリカ最大の労働組合であるAFL－CIO（American Federation of Labor and Congress of Industrial Organizations＝アメリカ労働総同盟・産業別組合会議）は、「御用組合だ」と批判された時期もあったのですが、近年、大きな民主化を成し遂げました。その原動力になったのが、移民労働者でした。中南米からやって来たラテン系労働者と、実はアジア系労働者も大きな貢献をしています。

そして今、日本でも労働運動の中で、移民労働者、外国人労働者が活躍し貢献するチャンスの時代に来ているのです（詳しくは第二章の「オーバーステイ労働者が三八億円『サービス残業』告発のきっかけに」を参照）。

しかし過去三〇年を見ると、日本の労働組合は、どちらかと言えば外国人労働者排除の位置にいたと言えるでしょう。さまざまな問題がある技能実習制度に関しても、労働組合の「メインストリーム」は「技能実習制度を廃止すべきだ」とは、一度も言ったことがありません。「技能実習制度の適正化」とは言うのですが、「廃止」とは言ってこなかったのです。逆に日本の労働組合は、「外国人労働者に雇用を奪われる」という立場に立ってきました。

労働組合に限らず、わりと民主的な考えを持っている人でも、こんなことを言う人がいます。「労働条件のひどいところや劣悪なところ、危険なところに外国人に来てもらうのは申し訳ないじゃないか」と。

しかし私に言わせれば、これは「善意ある見誤り」です。外国人労働者は「お客様」ではありません。「この社会を一緒に作っていく仲間」だと考えるべきです。そういう劣悪な職場環境があるなら、一緒に良くしていけばいいのです。「労働条件が劣悪で危険」なところでは、外国人労働者だけでなく、日本人労働者も働かせるべきではありませんから。

誰にとっても劣悪でなく、安全な職場を作っていこう、と考えるべきなのです。

そして「雇用を奪われる」ということも、実はありません。欧米でも、そうした事実はないのです。それは完全なフェイクです。単に産業政策や雇用政策のダメな部分を「移民のせい」にしているだけです。繰り返しますが、「雇用の奪い合い」などという事実はありません。これに関しては、第四章の「『外国人が職を奪う』というデマ」の項で詳しく書いていますので、そちらも参照してください。

また、日本の技能実習生のことを見てみると、例えば縫製業では、前述の通り残業代がいまだに時給三〇〇円という驚くべき低賃金のところがあります。基本給自体がもちろん低いのですが、残業代はそれに輪をかけて低いのです。こうした個々の事例は第二章で見ていきますが、そんなひどい条件のところには、当然ながら日本人は働きに来ません。また、そんな低賃金では、国が定めている最低賃金制度の規定に抵触するため、公表できないから雇えないわけです。それが実態です。

ですから「雇用を奪い合う」などという事態はどこにも存在していないのです。

逆に、そのような驚くべき低賃金でないと成り立たないような産業はどうしたらいいのか、その会社の親会社などはいったい何をやっているのか、ということにこそ目を向けるべきでしょう。

そして、そんな低賃金しか払えない中小・零細経営者を、そのような雇用をさせずにどのように支援していくのか、という政策も重要なのです。

「外国人労働者」という区別の仕方自体おかしい

もう一つ、アプローチの仕方として問題があるのは、「日本人」「外国人」と区別していることです。

日本に彼ら彼女らが来て一緒に働き始めたら、もう「同僚」であり「仕事仲間」です。それなのに「日本人」「外国人」と区別すること自体が、そもそも間違っているのです。

「日本人と外国人の雇用の奪い合い」であるかのようにカテゴライズしてしまう。私たちは、ついそういう考え方に陥りがちです。

でも「外国人」「日本人」、あるいは「中国人」「ベトナム人」という区分ではなく、本当は「中国人のチャンさん」であったり、「ベトナム人のドンさん」であったり、「日本人の山田さん」であったりするわけです。そして、一つの国の出身であっても、いろいろな人がいて、それぞれが個性を持っているのです。それは日本人の中にも、実にいろいろな人がいることを見ればわかるはずです。

それなのに、「日本人と外国人」という単純なカテゴリーに分けてしまって、そこで「職の奪い合いがある」などという考え方をしてしまいがちなのです。

でも、「このドンさんはなぜ働けているのか」「チャンさんはなぜ働けているのか」と考えてみましょう。彼や彼女がそこで働けているのは「外国人だから」なのでしょうか。

もし「外国人だから仕事が取れたのだ」というなら、「本当にそうなのか、では日本人の山田さんは、なぜそこで働けなかったのか」ということまで議論すべきなのです。しかし、そういう議論はまったくありません。

「安い賃金でも働いてしまう労働者がいるから問題だ」と言うのなら、それは外国人だけでなく、日本人同士でも同じです。労働者が連帯して、ストライキをやって賃上げ要求をしているときに、「俺は安い額でいい」と言って、ストライキ破りをする人も実際にいるのです。

ですから出身国の問題ではなく、団結とか連帯とか友情とか信頼とか、そこに問題があるわけです。そうした「連帯や信頼や友情をどう築くか」というところに、私たちが考えるべき課題があるのだと思います。

「日本人と外国人」という話にして、ごまかしてはならないのです。

「不法就労は犯罪の温床」というウソ

外国人労働者が「取り締まりの対象」として見られたり、「日本人の雇用を奪う者」として色メガネで見られる大きな原因の一つは、政府のトップが「移民政策を取らない」と繰り返し発言していることです。

移民はすでに日本に大勢いるのに「本来はいない人、いるべきでない人」として扱われるので、そうした人たちに対して、警官や入管職員も「摘発しなくてはいけない」という使命感を持ってしまうのです。

テレビがよく「入管Gメンが不法就労をしている外国人を取り締まる」というような番組を放送して、とんでもない悪者であるかのような扱いをするので、それを見た一般の人にも、偏見や誤った考えがよけいに広まってしまうのです。

しかしそういう番組をちゃんと見てみると、「不法就労者」と呼ばれる人たちも、ただ普通に働いているだけなのです。別に麻薬とか爆弾を作っているわけではなく、単に「ビザの有効期限が切れている」とか「就労ビザじゃない」というだけで逮捕されているのがほとんどです。

図７　来日外国人犯罪検挙状況の推移（1989～2018年）

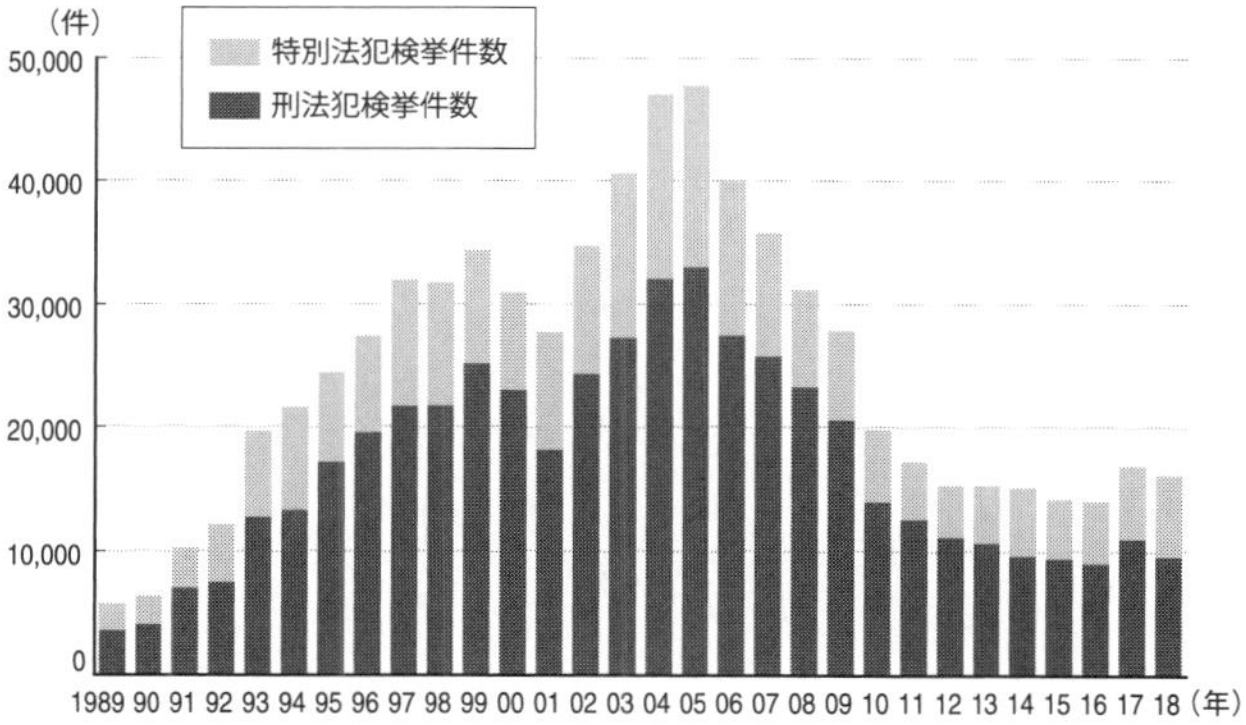

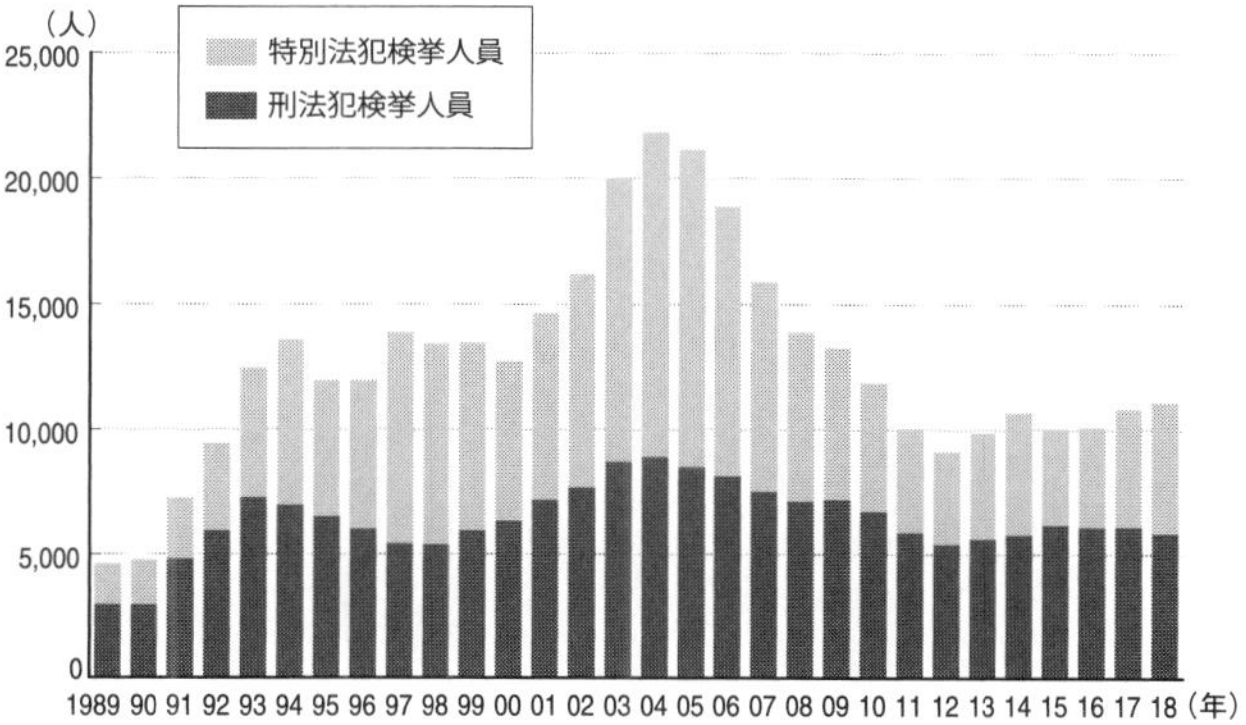

『令和元年版 警察白書』より

それなのに、テレビがセンセーショナルに、さも、ひどい悪事を働いているかのような扱いをするのも問題です。

このような「不法就労は犯罪の温床だ」というメディアのキャンペーンがかなり効いているせいで、そう思い込んでいる人がたくさんいます。

しかし、不法就労者による犯罪発生率は、実際は非常に低いのです。警察発表のデータを見ればわかります。

確かに犯罪検挙数自体は多いです。なぜかと言うと、存在そのものが入管法違反で検挙する対象になってしまっているからです。例えば道を歩いていて警察官から職務質問され「パスポートを見せろ」とか「ビザを見せろ」「在留カードを見せろ」と言われて、ビザが切れていれば、それだけで検挙されてしまうのですから。しかし、刑事犯罪率は低い。

入管法違反は「特別法犯」という扱いになりますが、いわゆる刑事犯罪・刑法犯罪率は非常に低いのです。

労働搾取の人身売買

さて、人身売買といえば「性搾取」をイメージする人が比較的多いかもしれません。しかし、現在、先進国における人身売買の問題では「労働搾取」の方が、どちらかと言うと中心的な課題となっています。「労働搾取」というと、理解しにくいかもしれないので、例を挙げましょう。

二〇一九年一〇月にイギリスのロンドン北東部工業団地で、トラック荷台の冷凍コンテナから三九人のベトナム人が遺体となって発見されました。イギリスで働かせるため、ブローカーが密入国させようとして、その過程で亡くなったと見られています。この事件は人身売買事件だと私は考えます。

人が国境を越えて移動しようとする際、出入国管理を厳しくすればするほど、人身売買ブローカーや奴隷労働ブローカーたちが暗躍して金儲《かねもう》けができる、そういう素地を作ってしまうのです。

日本では今、「日本語能力を一つの入国の基準にする」という議論がされています。しかしそうすると、これが借金構造を作っていくことになってしまうのです。

なぜなら、ベトナムやフィリピン、インドネシアなど、どの国から日本に来るにしても、日本語を勉強するための費用がかかってしまうからです。そうすると、「日本語教育費用」という名目で、ブローカーたちは日本に来て働きたい人たちからお金を徴収することができるようになるのです。

しかしそうしたブローカーによる「日本語教育」というのは、形だけのものであるケースが多く、「日本語学校に通った」という人が日本に来てみたら、実は日本語で会話ができないという場合が多く、会話ができる水準にさえ、なっていないのです。

日本語を基準にするならば、ドイツに倣うべきでしょう。ドイツ政府は二〇一八年一二月に、「専門人材移民法案」を閣議決定しています。「ドイツ語が話せて職業訓練を受けた人材であれば、就職先が決まっていなくてもドイツに入国して六カ月間職探しをできるようにする」(『日本経済新聞』電子版、二〇一八年一二月一九日)という内容です。ドイツも日本同様、少子高齢化で労働力不足という問題を抱えており、そのためにメルケル政権は外国人労働者の受け入れを拡大したのです。

ここで私たちが注目すべきことは、ドイツではドイツ語学習を義務化しドイツ語学習時間数も規定していますが費用はドイツ政府が出している、という点です。そうすることで、労働者のブローカーに対する借金構造や奴隷労働の構図を作らないようにしているのです。

「国民」ではなく「すべての人」の人権が守られねばならない

先にも書きましたが、国境を越えるとか、国境を越えて働いたり、移民・移住するという際に、そのハードルを厳しくし過ぎると、逆にブローカーなどの利権につながりやすい、という面があるのです。

かつてレーニンはエンゲルスの言葉を引用しつつ、国家を廃絶させた後に国家は死滅すると表現しましたが、実際問題としていまだ国家は死滅していませんし、国境もあるわけです。ですから、さまざまな議論をする際に、この国家や国境というものを前提にせざるを得ません。人権を考える上においてもそうです。ただし人権に国境はないので、「国民という概念ではくくれない人々が存在する」ということを、私たちは考える必要があると思います。

人権について語るとき、「国民」という言い方はしないのです。リンカーンはゲティスバーグで行った有名な演説で「人々の、人々による、人々のための政治を」と言いましたが、このとき彼は「国民」でなく「人々」(people)という言葉を使いました。"Government of the people, by the people, for the people"と言ったのです。

私は二〇一三年にアメリカ国務省の『人身売買年次報告書』の「人身売買と闘うヒーロー(TIPヒーロー)」に選ばれました。国務省は二〇〇一年から毎年六月に『人身売買年次報告書』をアメリカ議会に提出することになり、報告書を出す際に世界各国から奴隷労働根絶のために尽力している人身売買と闘うヒーローを選ぶのです。これを「ＴＩＰヒーロー」と呼びます。この受賞の背後であったことについてはエピローグでも触れます。この選出以来、私はアメリカ大使館に招かれることが多くなったのですが、二〇一三年一二月五日に国際人権デーに関するアメリカ大使館の催しがありました。

当時は谷垣禎一《さだかず》さんが法務大臣で、キャロライン・ケネディ駐日大使がスピーチした後に谷垣大臣もスピーチしました。その中で彼は「我が国においても国民の人権に関しては人権擁護局があって、国民は等しく擁護される権利を持っている」という意味のことを言ったのです。

英語でのスピーチだったのですが、当時、移住連の専従事務局員だった大曲由紀子さんがこのスピーチを聞いて「鳥井さん、この二人の言うことは全然違うんですよ」と教えてくれました。

「どう違うの？」と尋ねると、「ケネディ大使は『国民』という単語は使いませんでしたが、谷垣さんは『国民のための人権』という言い方をしたんです」と。

つまり「国民の人権擁護に努めている」というふうな言い方を谷垣さんはしたのです。それで私たちは「人権って、そうじゃないよね」と話したのです。

人権は国民が対象ではなく、すべての人々が対象です。国籍を持っていない人、いわゆる「国民」という概念に当てはまらない人たちでも、人権は尊重されなければなりません。そこがとくに、これからの社会を考えるときに非常に大切なのです。

国家、国境は存在しますが、人権がそこで立ち止まってはいけないのです。労働者の権利もまた、そうです。労働者の権利のための運動は、元々「国を超えて万国の労働者が団結する」というインターナショナル精神でやって来たのですが、今、日本の労働組合では、そうした精神も希薄になっている気がします。

しかし、労働者の権利や人権というのは、国境の前で立ちすくんではいけないものだと私は思っています。

自らの「人権侵害」についても展示するアメリカ

アメリカのオハイオ州シンシナティに、「ナショナル・アンダーグラウンド・レールロード・フリーダム・センター」という施設があります。といっても地下鉄に関する施設ではなく、「地下の逃げ道」というか「秘密の逃げ道」に関する施設です。一九世紀初頭から中盤にかけてアメリカ南部の黒人奴隷を助け、自由な北部や、時にはカナダまで逃げる手助けをした人たちの秘密の組織名です。

シンシナティというのは南部と北部との境にあります。南部から逃げてきた奴隷が、ケンタッキー州側からオハイオ川を渡るとオハイオ州シンシナティで、そこで皆をかくまっていたのです。そして、例えば荷物の中に隠すなど、さまざまな方法で奴隷を隠して、いくつかのルートを通って北部のさまざまな町や、カナダまで逃がしたのです。それを、アンダーグラウンド・レールロードと呼んだのです。

このシンシナティにあるフリーダム・センターでは、「我がアメリカはどれだけひどいことをしたのか」という、当時の奴隷労働の実態を展示しているのです。例えば人身売買の契約書や、奴隷がどんな鎖につながれて、どんな小屋に住まわされていたのかが展示されています。公民権運動（一九六〇年代の黒人解放運動）のビデオも流されたりしているのです。

展示の最後のところでは、Modern slavery（現代の奴隷制）ということで、とりわけアジアにおける、いろいろな状況について展示もされています。

私が感心したのは、自分たちの国がした人権侵害、加害の歴史について、きちんと展示している点でした。

日本には、例えば自分たちが空襲などの被害を受けた様子を展示する記念館や博物館はありますが、日本が戦争で他国に対し、どんな被害を与えたのか展示するところはほとんどありません。逆に、二〇一九年のあいちトリエンナーレなどで従軍慰安婦を象徴した「少女の像」が展示されると脅迫電話が来たり、名古屋市長が展覧会を批判するありさまでした。

アメリカだけでなく、ドイツもナチス時代に、自分たちがユダヤ人に対してどんな迫害を加えたのかという展示をさまざまな施設でしています。アメリカやドイツでは、そういう自国の負の歴史をきちんと展示して、今後の教訓としようとしています。その反面トランプ大統領のような排外主義的な政権が生まれたりもするのですが、歴史的な記録や公文書、こうした過去の検証可能性を担保するということについてのアメリカの制度設計というのは徹底的です。人権を事実、記録に基づいて考える。そこは日本も見習うべきところではないでしょうか。

第二章からは日本の制度の不備や人権意識が徹底していないがゆえに生じた、具体的なケースを紹介していきましょう。

第二章　外国人労働者奮闘記――モノ扱いが横行する現場

一〇〇の相談に一〇〇の物語

労働相談、あるいは労働問題とひと言で言いますが、一つひとつのケースに、やはり物語があります。労働者は十人十色、百人百様なわけですから。外国人労働者も、それは同じです。個々の取り組みがあり、雇う側の物語もあるわけです。外国人を雇っている社長にも、本当に搾取する人もいれば、適切な取り組みをしている社長もいます。

しかし、第一章で見てきた通り、総じて日本の外国人労働者の環境は、アメリカ国務省と国連から厳しい勧告を受け続けているように問題が多いのです。この章では筆者が直接関わってきたケースをいくつか紹介し、現場で何が起きているのかを知っていただきたいと思います。

【ケース1】指をなくしたラナ

一九九三年の三月八日に「外国人春闘」が始まりました。私たちはこれを「生活と権利のための外国人労働者一日行動」と呼んでいました。

これを始めたのは、「はじめに」でも紹介した、ラナという名のバングラデシュ人労働者の青年との出会いがきっかけでした。私が最初に外国人労働者から相談を受けたのは一九九〇年でしたが、翌九一年一一月に、ラナから相談を受けたのです。

私は「全統一労働組合」のメンバーであると同時に「全国労働安全衛生センター連絡会議」のメンバーでもありました。これは各地の安全衛生（労災職業病）センターを母体とした、働く者の安全と健康のための全国ネットワークとして一九九〇年五月に設立された組織です。

このセンターが『外国人労働者の労災白書』を発表し記者会見をしたところ、ニュースで会見を見たIさんという薬剤師の女性が、センターの事務局に電話してきたのです。Iさんは、外国人労働者が多く働く零細工場が集中する埼玉県越谷市《こしがや》にある薬局で働いており、健康保険がないために病院に行けず薬局にやって来る外国人労働者の相談役を引き受けていました。

「その中の一人のバングラデシュ人の青年が、指を三本なくしたんです。なんとかしてあげられませんか」とIさんは言うのです。

それでそのラナという青年が、Iさんに連れられて相談に来たのです。ラナは、右手の指を三本失っていました。

ラナの話によると会社は大手自動車会社の下請けの金属プレス工場で、金型の製作を主にしていて、社長以外に日本人従業員が一人だけで、外国人はラナとラナのいとこの二人という典型的零細企業でした。その工場で、ラナは入社一週間後の九月七日にプレスの作業中、金型に挟まれて右手の第二指から第四指を失ったのです。障害等級八級の後遺障害です。プレス機には、安全装置が付いていませんでした。

それなのに、会社は労災手続きをしていないと聞いて、私たちは「労災の手続きをしよう。だけど、まずは主治医に話を聞きに行こう」と、野田市の小張総合病院に行きました。病院のロビーへ入ってびっくりしたという話は「はじめに」に書いた通りです。

そこで主治医と話をし「先生、これは私病の扱いになっていますけど、労災ですから」と伝えて、工場の社長のところに交渉に行きました。

事故直後、社長はラナがオーバーステイだということを理由に労災保険の手続きを取ろうとせず、「一〇〇万円渡すから早く国に帰るように」と話してきたそうです。でも私は「オーバーステイの労働者にも労災保険は適用されますよ」と伝えました。そして「これは労災保険を使った方がある意味、得ですよ。その方が、話が円満に進みます」と説得して労災申請をしてもらい、労災保険の適用がされることになったのです。

しかし労災保険の手続きを始めてからも、社長は労災保険からのラナの休業給付の振込先を、勝手に自分や会社名義の銀行口座にするなど、事故後の対応に誠意が見られませんでした。このためラナは社長に対する不信感を募らせ、私たちは会社との本格的交渉を行い、休業補償給付及び後遺障害一時金の振込先を会社からラナ本人の口座に変えること、今後私たちの労働組合と話し合っていくことなどを明記した協定書を作成し、確認しました。

ラナがその後「症状固定」となり、後遺障害認定を受けたため、私たちは社長と労災の上積み補償について話し合いを開始しましたが、社長は「一〇〇万円しか出せない」の一点張りで、自らの企業責任について反省する姿勢がまったく見られません。このため、私たちは一九九二年三月、裁判に踏み切ったのです。

裁判が始まると社長は「プレス機に安全装置が付いていた」とか、あたかもラナがわざと指を落としたかのような事実と違った主張まで行いました。そして東京地裁民事二七部の嶋原文雄裁判長は、被告会社側がまだ主張してもいないのに、「母国賃金水準での和解」を法廷で口にし、被告への利益誘導を図ろうとしました。

それに対して私たちは「外国人労働者一日行動」の一環として、九三年三月八日に東京地裁民事二七部に申し入れを行って文書も提出し、翌九四年一二月、裁判で勝利的和解を導き出しました。

「外国人春闘」

少し話が戻りますが、ラナが労災適用されたという話は、病院のロビーにいた外国人労働者たちの間で噂となって一気に広まりました。「全統一労働組合に相談したら、オーバーステイでも労災申請できるらしい」と。そこから大勢の人が相談に来るようになりました。ラナは労災で治療休職中だったこともあり、事務所に常駐して私の専従アシスタント的な役割をしてくれて、外国人労働者の相談に乗ったり、組織運営でも先頭に立って奮闘しました。

当時は携帯電話が普及していませんでしたから、外国人労働者は、電話がある寮に皆、日曜日などに集まっていました。母国に電話したりするためです。私は千葉県や埼玉県八潮《やしお》市、三郷《みさと》市などの、そうした工場の寮を日曜日に回りました。すると、そこに相談が次から次へと来るのです。やがてこれが大変な件数になり、私たちの事務所もてんてこ舞いになりました。そこで私たちはラナとも相談し、「外国人にも労働法が適用されるんだから、全統一労働組合の

外国人の春闘を伝える1993年5月1日「日本経済新聞」の見出し（左）。
第1回生活と権利のための外国人労働者一日行動。1993年3月8日

〝外国人労働者分会〟を作ろう」ということになりました。そして一九九二年四月に「全統一労働組合外国人労働者分会（ＦＷＢＺ＝Foreign Workers Branch of Zentoitsu）」を二〇名で結成しました。最初はパキスタンとイランとバングラデシュの人たちが入って、その後セネガル、インド、スリランカの人も加わりました。勤め先は零細企業の製造業が中心で金属プレス、プラスチック、メッキなど、日本人が定着しない仕事です。外国人労働者分会は、あっという間に四〇〇人の組織に成長していきました。

そして一九九三年三月の春闘の時期には、さらに新しいことをやりました。

元々、労働組合の活動には、「東京総行動*」という形式がありました。これは企業を皆で回って、皆で要請して解決を求めるという形式です。これの外国人労働者版をやろうということになり、前述した「生活と権利のための外国人労働者一日行動」という実行委員会を作って始めたのです。これを始めてみると、予想以上の勢いになりました。外国人労働者の組合メンバーたちを集めて始めたのですが、皆が一生懸命議論し、いろいろな言葉に翻訳したポスターを作ったりして、非常に張り切って行動したのです。

そして一九九三年三月八日の当日がきました。

それまでにマスメディアも、「どうも外国人労働者の待遇にいろいろ問題がある」ということに気づき始めており、NHKや民放数社が取材に来て私自身も密着取材を受けたりしたのですが、三月八日当日には、在京の全テレビ局とアメリカのABCやCNNなども大挙してやって来ました。当時、上野の中央通り沿いのビルの五階に私たちの事務所があったのですが、中央通りに中継車がズラリと並び、狭い事務所内にテレビカメラがお互いにガチャガチャぶつかり合いながら入ってきて取材するという状況でした。

私たちは企業への要請行動をしたのですが、それにもずっと全局の取材班がついてきて、その日の夕方の六時、七時、九時、一〇時のテレビニュースすべてで放送されました。その報道のため、この行動は社会的に大変な衝撃を与えました。「こんなにも多く、外国から来た労働者がいたのか」と。

この一日行動のときも、ラナは流暢《りゅうちょう》な日本語で外国人労働者の問題を熱く訴えて、マスコミから大きな注目を集めました。その後、五月一日の「日本経済新聞」に「外国人労働者の春闘」と題する大きな記事が出て、それから「外国人春闘」と呼ばれるようになったのです。

三月八日は、企業への要請行動と、昼間は労働省（現・厚生労働省）へも要請をしました。これがいわゆる「省庁交渉」の第一回目です。労働省だけでなく東京都にも要請しました。そして前述の通り、ラナの裁判を担当した東京地方裁判所の民事二七部へも要請行動をしました。

その夜、東京の八重洲《やえす》で集会を開くと、オーバーステイの労働者が一五〇人ほど集まりました。彼ら彼女らは、仕事を休んでまでして集まってきたのです。この人数に世間の人たちは非常に大きな衝撃を受けていましたが、私たちから見れば、そこに集まったのは、ごく一部です。

この省庁交渉はこれ以降毎年やっており、その後移住連でも一一月に行うようになったので、春と秋の計二回、省庁交渉をしています。ラナが始めた外国人労働者分会は、現在までで四〇カ国以上の四〇〇〇名を超える登録組合員の組織となりました。

ラナはその後バングラデシュに帰国し、地域政党で書記長となり、ダッカで商店を経営するとともに、地方議員としても活躍しています。また、帰国した組合員たちとも連携し、受給した労災保険（一時金や年金）から資金を出し合って、出身地である地方都市の学校や診療所の運営援助も行っています。

外国人労働者問題が日本の労働環境の劣悪さをあぶり出した

外国人労働者分会のメンバーが急増したのは、次から次へと外国人労働者から労働問題の相談を受けたからです。具体的な相談内容は労働災害、賃金未払い、解雇などです。

なぜこういう問題がそれほど多く起きるのかと言えば、政府の場当たり的な受け入れ姿勢が原因で、受け入れている企業の方も混乱しているからです。例えば「労災なんて申請すると、オーバーステイだとバレてしまうから申請しない」と考えたり、労働法の適用についても、現場が理解していないせいでいろいろ混乱があるのです。

第三章でも詳しく触れますが、一九八〇年代から日本政府はなし崩し的に「オーバーステイ容認」政策を取ってきました。一九九〇年からは日系ビザも導入し、日系ブラジル人や日系ペルー人などを入れる方針を打ち出したのです。これは「とにかく人手が足りないから入れよう」といういい加減なやり方です。その結果、いろいろな問題が起きました。政府の場当たり的政策に加えて、日本のそのときの労働基準の水準や福祉の水準などが、鏡となって外国人労働者への対応にあらわれたのです。

外国人労働者を受け入れていたのは零細企業が多かったのですが、安全装置のない機械で作業をさせるなど危険な職場が元々多く、それを「家族的雰囲気」の中でごまかしていました。「日本人労働者」自身にも「ケガは自分持ち」という考え方があり、労働災害に遭っても「ウチが面倒を見るから」という言葉で、ごまかしてきた会社が多いのです。

ところがオーバーステイの労働者の場合、そうはいきません。ケガをして働けなくなった国に帰るしかないからです。だからこそ逆に権利意識も強くなり、それによって労働災害の実態が顕在化してきたのです。

零細企業でも、基本的には労災保険の範囲内での補償はあります。しかし労災保険というのは待機期間が三日間あるし、平均賃金の八〇パーセントしか補償されません。残りの二〇パーセントや待機期間分の補償はないし、平均賃金が低ければ、補償額も低くなるのです。

私は、外国人労働者の問題に関わり始める前、まだ若いころ、職場で労働組合をスタートしました。そのころ、「もし会社でケガして重傷だったら表へ放り出してくれ。そこで車にはねられた方が、よっぽど補償がいいから」と、よく冗談で言っていました。交通事故の場合は本人の平均賃金だけでなく「賃金センサス」に基づいて計算するからです。「賃金センサス」とは、厚労省が毎年実施する「賃金構造基本統計調査」のことで、労働者の性別、年齢及び学歴などの別に、その平均収入をまとめたものです。

しかし労災保険における補償は、本人の平均賃金から算定されるわけです。例えば筆者は、工場での事故で左手の中指を欠損していますが、これは障害等級一二級のケガと評価され、それに対して支払われる後遺障害一時金は、自分の平均賃金の一五六日分なのです。当時私が工場からもらっていた給料は、月一二万円〜一四万円でした。その平均賃金から算定されてしまうのです。でもケガによる逸失利益というのは、その人の将来にわたって影響するものです。実際、交通事故などでのケガの補償金額は「賃金センサス」も使って算定するのですから。

しかし零細企業では労災保険を使うだけです。それで「あとはウチらが面倒見るから（逸失利益はないでしょう）」という話をしてくるのです。でも「面倒を見る」と言っても、その企業自体がいつまでも存続するかどうか怪しいのです。それなのにそういう言葉で皆、丸め込まれてきたわけです。

外国人労働者たちが「おかしい」と声を上げたことで、そういう問題が顕在化したのです。

外国人労働者の存在が日本人労働者にとっても肯定的な結果をもたらした例を、次に挙げましょう。

＊東京総行動　総評（日本労働組合総評議会）労働運動の下、一九七二年六月に始まった。解雇や倒産など労働争議解決のために、産別や企業のワクを越えて、大手企業やメガバンクなど背景資本への直接要請を行う労働組合の統一行動。一日かけて東京中心部の町を練り歩く。毎年三回から四回取り組まれ、現在も続いている。

【ケース2】オーバーステイ労働者が三八億円「サービス残業」告発のきっかけに

「サービス残業」を社会的に告発した立役者として「不法就労」と言われるオーバーステイでビザのない外国人労働者たちが活躍したケースがあります。

二〇〇一年に大手居酒屋チェーンSを経営するM社は、過去二年間の未払い残業代として、全従業員に合計三八億円を支払いました。未払い残業代の支払いとしては過去最大で、女性従業員らによる三年半の訴えが認められた、と大きく報道されました。こうした飲食産業のサービス残業の実態を重く見た厚労省も、労働者の労働時間を把握するために企業が守るべき基準を示す文書を公表し、その基準を盛り込んだ要綱（「賃金不払残業総合対策要綱」）を改め、サービス残業をなくしていくための取り組みを企業に求めました。こうしてサービス残業の問題は、

Sとそこで働く労働者の間にとどまらず、社会全体の問題として取り上げられることとなったのです。

しかし実は、この三八億円の残業代支払いのきっかけには、オーバーステイの外国人労働者の運動がありました。

一九九六年、Sは関東圏内で外国人労働者の一斉解雇を決めました。その数は一〇〇人に上りました。多くはバングラデシュなどの、ビザのない外国人労働者でした。中には一九八〇年代から一〇年近く働いてきた人もいました。それまで多くのビザのない外国人労働者を雇ってきたSは、東北地方を中心に展開する他の居酒屋チェーン会社の役員が入管法違反で逮捕されたことを知り、ビザがない外国人労働者の一斉解雇に、突如踏み切ったのです。

実はS以外の大手居酒屋チェーン店でも、大勢のビザのないオーバーステイの外国人労働者が働いていましたが、とりわけSを経営するM社は八〇年代から店舗を急激に拡大し、九三年にはSを含む全チェーンで一〇〇店だったのが九七年には五〇〇店に達し、売上高も九三年から九五年にかけて約一・五倍に増大しています。こうした急成長を支えたのは、昼夜を分かたず奮闘するビザのない外国人労働者たちでした。

彼ら彼女らは深夜早朝まで厨房《ちゅうぼう》やフロア、仕入れ、仕込みとまさに八面六臂《はちめんろっぴ》の仕事ぶりでした。とりわけ激務となる新規店舗オープンの際には、熟練した外国人労働者たちが「先乗り部隊」として、開店に向けた準備を段取りよく進めました。外国人労働者は会社の要望に精一杯こたえ、その成長に貢献してきたのですが、Sと運営会社のM社は、そうした外国人労働者の働きに感謝して報いるどころか、取り締まりの噂を聞いた途端、一方的に一斉解雇したのです。

しかし、外国人労働者たちは、黙っているだけの存在ではありませんでした。彼ら彼女らは、東京都内でビザのない外国人労働者でも加入できる全統一労働組合の存在を知り、未払い賃金支払いを求めて立ち上がりました。最初は数名だった組合員は次々に増え、最終的には大勢のバングラデシュ人労働者が会社と交渉を行いました。交渉は一年近く続きましたが、その間、彼ら彼女らはS本社前でビラを配布したり集会をしたりして、他の社員や周囲の人々に自分たちの解雇問題を伝えようと努力しました。こうして団体交渉を重ねた結果、最終的にM社は未払い残業代の支払いを決めたのでした。

外国人労働者一斉解雇
本紙独走スクープ
日本語の退職届示しサイン強要
ノラリクラリ
シラ キリ通し
残業手当も有給休暇もなし
浮かび上がった過酷な労働実態
弱み抱え 文句も言えず

一斉解雇を伝える新聞のスクラップ。「内外タイムス」1996年8月29日先の日本人女性従業員たちが自分たちの未払い問題を解決するために闘いはじめたのは、この外国人労働者たちの闘いを見たことがきっかけでした。それまでSでは、サービス残業が当たり前というだけでなく、少しでも意見を言うと不当な扱いを受けるのが日常茶飯事でした。「根性論」に基づく封建的体制が続いていたのです。そんな中で従業員たちは声を上げることすら難しかったのです。

しかし外国人労働者たちは違いました。自らの権利が侵害されたことに対して「それはおかしい。自分たち労働者の権利が守られていない」と声を上げ、皆で一緒になって闘ったのです。

こうした外国人労働者の声が会社に届き、会社側も態度を変えたのです。その外国人労働者の力強い姿が、日本人労働者を揺り動かしたのでしょう。「自分たちもできるのではないか」と。その結果、三八億円という巨額の未払い残業代の支払いが行われることになったのです。

それはまた、日本社会に蔓延する、サービス残業という働き方の問題を、社会的課題として認識させ、厚労省を揺り動かし、社会全体にも影響を与えたのです。

【ケース3】「岐阜事件」——残業代は時給三〇〇円。月の労働時間四〇〇時間超

続いて、「時給三〇〇円」と「強制帰国」といった悲惨な目に遭わされた技能実習生たちの

2005年12月。縫製工場の様子

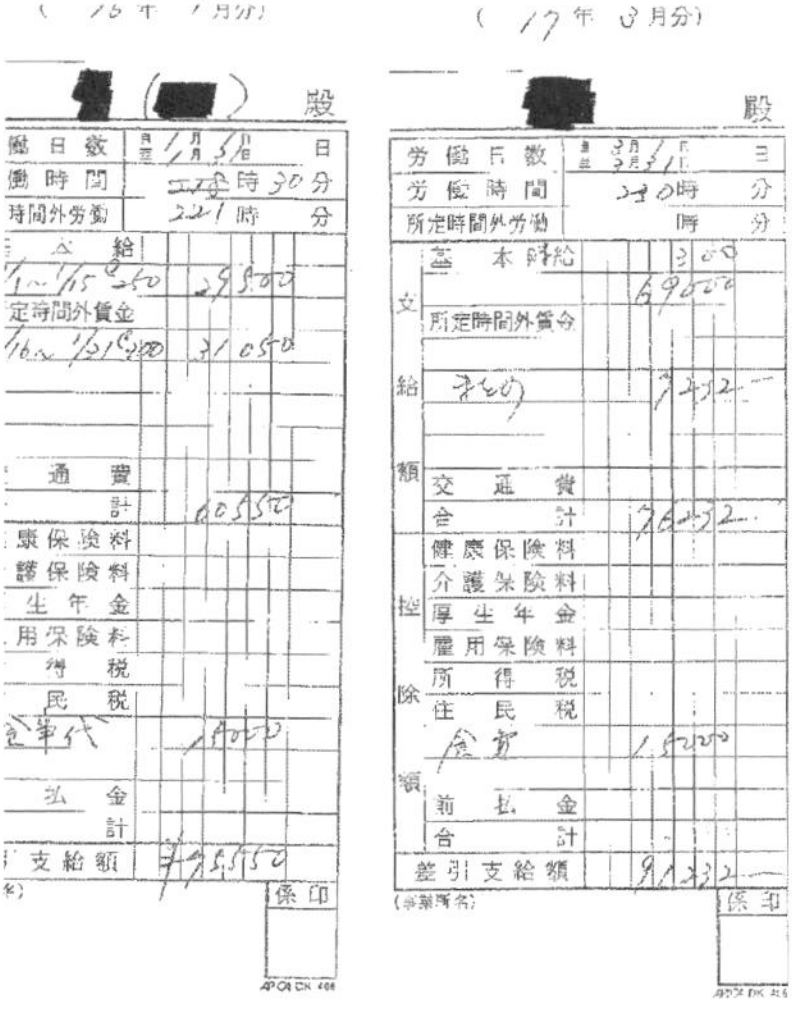

（17年 3月分）

[redacted]（[redacted]） 殿
働日数
働時間
時間外労働 221時 分
給
1/1〜1/15 250 29,500
定時間外賃金
1/16〜1/21 200 31,050
通費
計 60,550
康保険料
護保険料
生年金
用保険料
得税
民税
払金
計
支給額
係印

[redacted] 殿
労働日数
労働時間 時 分
所定時間外労働 時 分
支給額
基本時給 300
69,000
所定時間外賃金
まとめ 7,452
交通費
合計 76,452
控除額
健康保険料
介護保険料
厚生年金
雇用保険料
所得税
住民税
前払金
合計
差引支給額 91,452
係印

写真① 問題の給料支払明細書

例を紹介しましょう。

まずは岐阜県の縫製業者での事件です。

二〇〇五年の夏に、岐阜県の大学に来ていた中国人留学生から一本の電話が入りました。「自分の従妹《いとこ》が岐阜県内の縫製業者のところで研修・技能実習をしているんですが、ものすごくひどい目に遭っているんです」と言うのです。「従妹は日本語をしゃべれないから、私が電話しました」と。

そこで私は「中国語でもいいから、手紙を書いてほしい。そして、何か証拠や資料があれば送ってほしい」と頼みました。その後送られてきた封筒を開いて驚きました。給与明細が入っていたのですが、時給が、たった三〇〇円だったのです（写真①）。「労働時間」の欄に二三〇時間とあり、「基本時給」として三〇〇円とされていて、それが二三〇時間だから六万九〇〇〇円と書いてありますが、これは「残業時間」です。

そしてここに書かれていない法定労働時間が一カ月に一七四時間なので、一カ月間で合計四〇〇時間を超えて働かされていたのです。休憩を一時間として毎日、朝八時から夜一〇時ぐらいまで働いて、土日も働かないと、四〇〇時間にはなりません。いわゆる「過労死ライン」です。

図8　技能実習生への支給予定賃金（基本給）別構成比（2007年）

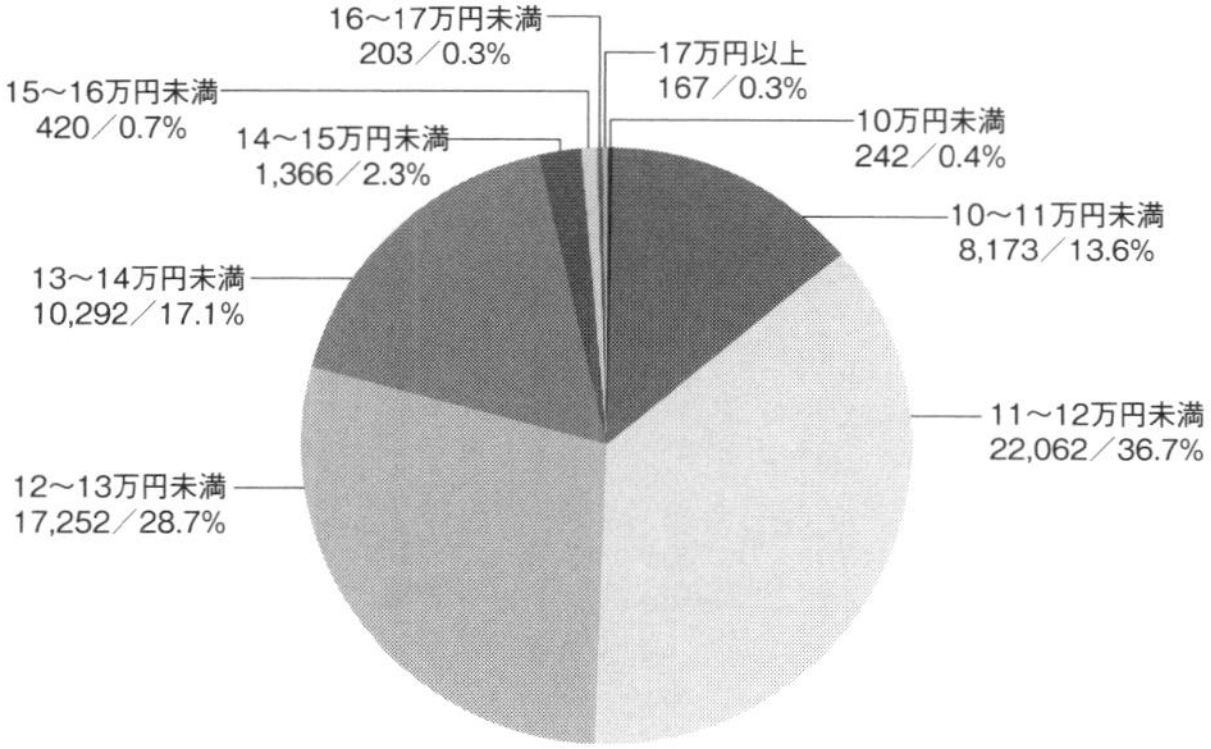

国際研修協力機構編『2008年度版外国人研修・技能実習事業実施状況報告（JITCO白書）』より

私は二五歳のときから、プラスチックの成形工場で一一年間働いていましたが、三交代勤務でした。そこでの残業で「通し勤務」というものがありました。一部から二部まで通して働くというものです。朝八時から夜一一時まで働いて、うち六時間が残業です。「皆もそれで稼いでいるから、よっしゃ、俺もやってみよう」と思ってやってみました。それで一カ月でトータル一〇〇時間残業したのですが、本当にヘトヘトになって「もう二度とやるもんか」と思いました。一〇〇時間の残業でも、私はそれほど疲れたのに、この岐阜の実習生の残業は、その倍以上の二三〇時間です。

写真①の給与明細に「まとめ」とありま

すが、これは縫製業の業界用語で内職仕事を「まとめ」というそうです。寮に帰ってから一個一〇銭とか二〇銭の仕事をやります。それが一カ月で七二三二円。合わせると七万六二三二円。これが残業代なのです。これには、基本給が書かれていません。控除額の欄に食費というのが一万五〇〇〇円と書いてありますが、なぜかこれが引かれずに足されて、「差引支給額」が九万一二三二円となっています。意味不明です。

それで、とにかく現地に行って直接聞いてみようと、私は岐阜に向かいました。

基本給の半額以上を監理団体がピンハネ

彼女たちが待ち合わせ場所に指定したのは、岐阜城のある金華山のふもとの岐阜市歴史博物館の前でした。行ってみたら、ものすごく広いところでした。手紙を書いて相談したものの、東京から見も知らぬ人間が来るわけですから、怖かったのでしょう。「広いところで待ち合わせれば遠くから様子を見られる。もし、変な人が来たら逃げよう」と思っていたそうです。ずっとひどい目に遭って人間不信になっていたのでしょう。

「どこで話をしましょうか」と私が言うと、そばの公園にコンクリートのテーブルと椅子があるからそこでやろうと言うのです。私が「ここじゃあ何だからファミレスに行こう」と言っても、ピンときません。朝から夜中まで休みなしで働かされていたので、外出すらほとんどしたことがなかったからです。

　それで近くにあったファミリー・レストランに入り、そこで四時間、話を聞きました。店員さんも不思議に思っていたことでしょう。それでわかったのは「食費　一万五〇〇〇円」と書かれているのが実は、基本給だったということです。

　正確に言うと、この給料支払い明細書には書かれていませんが、毎月「強制貯金」が三万五〇〇〇円引かれていたので、合計で五万円が基本給となるわけです。

　しかし五万円では、政府が発表している賃金データの額に全然足りません。この人の雇用契約書では、月額基本給が一二万五〇〇〇円になっているのです。

　一二万五〇〇〇円だと確かにＪＩＴＣＯや政府の言う「支給予定賃金」の範囲に入っています。

　一二万五〇〇〇円と五万円の差額は七万五〇〇〇円になります。この七万五〇〇〇円を監理団体（「監理団体」は以前「一次受入機関」という名称でした。この「一次受入機関」に対し「二次受入機関」というのがあり、これは企業や農家などです。今は「二次受入機関」を「実習実施者」と呼んでいます）がピンハネしていたのです。会社は、高いとは言えない金額ですが、それなりに給料を

雇用契約書

雇用期間	2005 年 1 月 15 日から 2006 年 1 月 15 日	
就業場所	岐阜市[redacted]丁目[redacted]	
仕事内容	婦人子供服製造	
就業時間	午前 8 時 [illegible] 分 から 午後 5 時 30 分	
休憩時間	2 時間 00 分	
休日	毎週 日 曜日、第 2 土曜日、祝祭日、年末年始 6 日間、盆 4 日間	
休暇	有給休暇 10 日間	
賃金	基本賃金 諸手当 賃金締切日 支払い日 昇給 退職金	日給 125,000 円 手当 — 毎月 25 日締め 毎月 末 日支払い 有、無　　有る場合は時期等 有、無　　有る場合は時期等
	［勤務上の注意事項］ 1．次の事項を守って誠実に勤務しなければなりません。 （1）上司の指示命令に従うこと （2）安全衛生に関する事項を守って事故防止に努めること （3）設備、機械、器具、車両、その他の物品を大切に扱い、許可なく業務以外の目的で使用しないこと （4）勤務時間中は、勤務に専念し、勝手に職場を離れないこと （5）遅刻、欠勤、早退等をしようとするときは、事前に所属長の了解を得ること （6）会社の名誉、信用を傷つけるようなことをしないこと （7）会社の機密を他に漏らさないこと （8）その他、従業員としてふさわしくない行為 2．上記事項に違反した場合は、制裁として平均賃金の半額を減給し、又は解雇することが有ります。	

2004 年 11 月 22 日

事業所 名称 [redacted]

所在地 岐阜市[redacted]丁目[redacted]

使用者 職氏名 代表 [redacted]

従業員 住所 岐阜市[redacted]丁目[redacted]

氏名 [redacted]

払っていたのです。

残業代が時給三〇〇円というのもひどい話ですし、「とんでもないことが起きているな」と思った私たちは三カ月以上かけて調査し、こういうことをしているのは、この会社だけでないことがわかりました。そこでその年の一二月、東京から組合員を動員し、一五人ほどで岐阜の三カ所の縫製業者に申し入れに行きました。

「とにかくこれは業界ぐるみなのでヤバい。ヘタに申し入れをしたら、彼女たちに危害を加えられる可能性もある」と思い、彼女たちを守るためにも、泊まり込みで行くことにしました。また、縫製業者だけでなく、現地の労働基準監督署と岐阜労働局、岐阜県庁にも申し入れをしました。地元の労働組合にも支援を要請し、私たちも二泊三日とか三泊四日の部隊を作り「とにかく現地に張りつく」体制で行きました。

このとき、ジャーナリストの安田浩一さんに「一緒に行きますか」と尋ねると「ぜひ行きたい」と言うので来てもらいました。安田さんが外国人労働者の問題を取材したのはこれが最初です。

安田さんと一緒に行って、彼が業者からいろいろ情報を収集しました。すると翌日、地域の全縫製業者に一斉にファックスが入ったそうです。私たちは全統一労働組合として申し入れに行ったのですが、「今、この岐阜県下を世界統一労働組合というのと、専門知識を持った弁護士と、不法就労の中国人をともなって脅して回っているから気をつけるように」と。業界の身内からのファックスです。面白いことに私たちの全統一労働組合は、いつのまにか「世界統一労働組合」に格上げされていました。

経営者によるセクハラも

私たちが現地のホテルに泊まっている間に、研修生・実習生が次々に相談にやって来ました。今もそうですが、女性の研修生・実習生で、セクハラを経験していないという人は、ほとんどいません。程度の差はありますが、皆セクハラに遭っています。この岐阜のときも、ある実習生から「今、職場から逃げています」と深刻な相談を持ちかけられました。なぜ逃げたのか尋ねると、最初は「時給三〇〇円ですから」と給与明細などの資料を見せてくれたのですが、それだけではないだろうなと思いました。ほとんどの実習生は、単に給料が安いというだけでは、逃げないで我慢しているからです。

「本当にそれだけですか?」と尋ねると、彼女はしばらくうつむいて口ごもっていました。それからおもむろに「実は……」と語り始めたのです。彼女が打ち明けてくれたところによると、

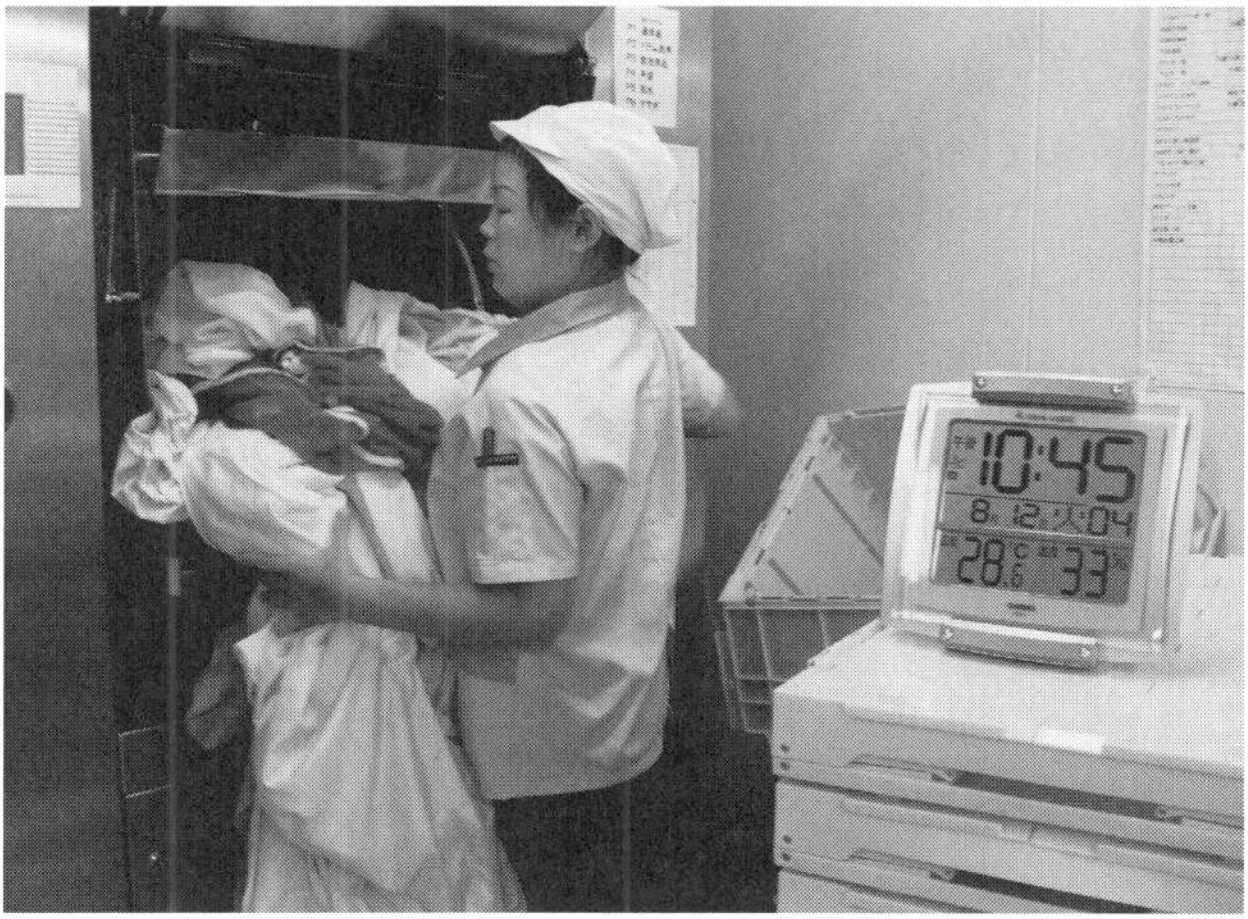

深夜まで勤務していることを示す写真

その会社では働いている実習生たちの中で班長を決めるのですが、社長が気に入った女性を班長にして、その班長に性的関係を強いるというのです。それで「実は今回、自分が班長に指名されました。だから逃げました」と。本当に閉鎖された制度・構造だからそういうことが起こるのです。

【ケース4】「山梨事件」——待遇改善を要求した実習生を暴力的に強制帰国

次は「はじめに」で少し触れた、「縫製」の技能実習という名目で来たのにクリーニング工場で働かされていたという山梨県での話です。これは雇用主たちが暴力を使って強制帰国させようとした事件に発展したのですが、相当悪質なケースですので、詳述したいと思います。

Bさんをはじめとする六人の女性の技能実習生たちが、中国から来日し、山梨に来たのは二〇〇五年一二月。最初に埼玉県久喜《くき》市にある一次受入機関の協同組合で約一カ月日本語研修をした後、甲府市の南の中巨摩《なかこま》郡にやって来たのです。技能実習の職種は「婦人子供服製造」となっていましたが、実際は朝から晩までクリーニング会社で洗濯機へ洗濯物を出し入れする毎日でした。平日は午前八時三〇分から午後一〇時まで、土曜は午後八時まで働かされました。

給料は研修生・実習生時代を通じて、最低賃金をはるかに下回る低賃金で働かされ、土曜の残業は、残業代の代わりにお米と生活用品の現物支給のみ。研修生から実習生になった翌〇六年一二月からは残業代が少しだけ賃上げされ時給三五〇円になりましたが、会社は「時間調整」と称し、〇七年一月から就業時間を午前七時三〇分から午前〇時までに変更しました。驚くべき長時間労働です。

過酷な労働で皆疲労困憊《こんぱい》し、実習生の一人は自転車で深夜帰宅途中に転倒して重傷を負い、一六日間も入院しましたが、会社は労災（通勤災害）手続きを取りません。深夜労働強制の発覚を恐れたのです。

二〇〇七年九月からは日曜休みもなくなり、二〇〇八年三月までの六カ月間に休日はわずか三日でした。日本人の従業員には支給された年末ボーナスもなく、正月も彼女たちだけ出勤を命じられました。

二〇〇八年六月に、就業時間が午前九時三〇分から午後一一時までとなり、残業代は、またわずかに「賃上げ」され時給四五〇円となりました。ところがBさんたちが給料を見てみると、実際の残業時間よりも少なく計算されていました。会社はあの手この手で巧妙に彼女らの給料を削る「工夫」を凝らしたのです。

JITCOの調査に「偽装」

六月中旬、会社にJITCOが仕事状況と生活環境の調査に入ることになりました。会社はBさんら、研修生を含めて一五名の技能実習の職種に合わせようと、元々なかった「縫製室」を急遽《きゅうきょ》作り、服飾製品を知り合いの会社から借りるなどの偽装工作を図り、調査をしのごうとしました。社長らは、Bさんたちにも就業時間など労働条件の偽装に協力しろと命じましたが、Bさんたちはタイムカードの偽装だけは同意しませんでした。

しかしJITCOの「調査」はお粗末なもので、こんな単純な偽装工作を見抜けませんでした。JITCOは、前述したように翌二〇〇九年に来日し調査する「人身取引に関する国連の特別報告者」エゼイロさんから「効果的な監視機能を果たしていない」と指摘されることになります。

「強制帰国」に立ち上がった実習生たち

さて、Bさんたちが偽装工作に協力的でなかったため、会社の対応はいっそう冷たくなり、社長から「中国へ帰る準備をしろ」という発言が飛び出すようになりました。追い詰められたBさんたち六名の「同期」の実習生たちは、ついに八月二〇日、来日後の会社の不公平と不正を糾《ただ》す要望書を突きつけ、法律に基づいた正規の報酬の支払いを求め、改善されるまで就労を拒否すると伝えました。「縫製業の実習のはずなのに、クリーニング工場で働かされている状況はおかしい。技能実習と言っているのに、まったく技能実習になっていない。その上、時給も安い」と抗議しました。自分たちで勉強し「これは日本の労働法に違反している」と理解して、「改善されるまでは働きません」と言ったのです。労働基準監督署への申告も辞さない覚悟でした。

Bさんたちが要望書を出した翌日、社長は一次受入機関の理事長と彼女たちを面談させ、脅しをかけました。しかし、彼女らはひるみませんでした。事件は、そのまた翌日の八月二二日に起こります。

一五人の男が押し入り、暴力でバスに押し込む

「ドン！　ドン！　ドン！」。朝七時ごろ、ドアをすごい勢いで叩く音で目が覚めたBさんは、眠い目をこすりながらドアを開けました。その途端、社長、工場長ら四、五人の男がなだれ込んできました。外廊下にも一〇人ぐらいの男が見えました。社長らは「すぐ帰る！　すぐ帰る！」と口々に怒鳴り、工場長が小柄なBさんの腕をつかんで台所のコンロに向かって投げるようにしたため、Bさんはコンロに激突。騒ぎに驚いてC、D、Eさんらも起きてきました。アパートのこの部屋は会社が実習生の寮として借りていて、Bさんをはじめ四人が住んでいたのです。

社長は外に向かって「入れ！　入れ！」と大声で指示し、入ってきた男たちが四人を力ずくで連れ出そうとします。工場長は、Bさんの両腕や肩に何度も強い力でつかみかかったり、爪を立てたりしました。それでも抵抗するBさんに今度は社長が近づき、胸や肩のあたりを殴りました。それを見てCさんは「ダメ！　ダメ！」と叫び、彼女たちはパジャマ姿のまま必死に抵抗しました。Bさんが羽交い締めにされながらも、とっさに社長の胸ポケットの携帯電話を

取ってCさんに投げ「一一〇番して」と叫ぶと、男たちはCさんに襲いかかりました。同時に社長は外に「車、準備しろ！」と叫び「一人ずつやれ！」と指示します。

多勢に無勢なのでBさんは一計を案じ、「着替えていいですか」と持ちかけました。これはさすがに社長も許可せざるを得ず、彼女たちは隣の部屋でパジャマから着替えることになりました。体格の大きな会社側の女性が部屋に一緒に入り、着替えている彼女たちを見張ります。彼女たちが、ズボンをはき終わらないうちに社長が襖《ふすま》を開けて入ってこようとしたので、あわててズボンをはき、パスポートや通帳など貴重品をバッグに入れました。その時DさんとEさんが台所の窓から外に向かって「救命《ヂウミン》！　救命！（助けて！　助けて！）」と叫びました。驚いた工場長たちは彼女たちを窓から引き剝がそうと後ろからつかみかかりますが、Bさんも走り寄って一緒に「救命！」と叫びました。窓にしがみつくDさんの腰をEさんが抱え、さらにそれをBさんが抱えて引き剝がされないようにし、助けを呼び続けました。

社長らは彼女たちの髪を引っ張ったり、両手首をつかんで押さえつけ、彼女たちの胸や肩を殴りつけました。そして、係長が外の廊下側から、窓の縁をつかんでいるEさんの手首を強くつかんで無理矢理押し戻そうとし、同時に工場長らが背後からDさんの両腕をつかみ、窓から引き剝がそうと引っ張りました。彼女たちは、こんなひどいやり方で強制的に帰国させられるのは絶対納得できないと、今度はそのまま座り込むようにテーブルの脚をつかみ、お互いの身体《からだ》にしがみついて抵抗しました。そんな彼女たちを社長らは取り囲み、彼女たちの指を一本一本外し、同時に他の人間が後ろに引っ張ったり、背後から抱え上げたりしました。

ついに彼女たちは部屋の外に出され、後ろから抱えられたり、押されたり、腕を引っ張られたりしながら、マイクロバスに押し込まれたのです。手や肩など身体中にケガを負い、骨折した人もいます。

バスの窓から飛び降り脱出

マイクロバスが発車しました。他のアパートの実習生二人も乗せられていました。社長ら大勢の会社側の人間も乗り込み、マンツーマンで逃げないよう見張っています。マイクロバスの後にはもう一台、会社の車が付いてきました。どこをどう走っているのか彼女ら五人にはわかりません。五人、そう、Cさん一人は、もみ合いの中でスキを見て脱出したのです。Cさんは足が速く、追ってきた工場長を振り切りました。

車中でBさんたちは「トイレに行かせてくれ」と懇願しますが、いっさい聞き入れてくれません。バスが赤信号で止まりました。その瞬間、まずFさんが制止を振り切って窓から飛び降り、それに続いて皆、次々に窓から飛び降りました。驚いた社長らは車から飛び出して彼女たちの腕をつかんだり、押さえ込んで踏みつけるなど、またも、もみ合いになりました。社長らに路上で囲まれたBさんたちは「トイレに行かせてください」と頼み続け、ようやく社長もしぶしぶ許可し、付近の会社のトイレを借りることになりました。

このころ異変が起きました。Eさんは、手足を硬直させ痙攣《けいれん》を起こし、意識をなくし始めたのです。Bさんたちは、Eさんの経穴（ツボ）を押さえるなど必死に看病をしながら、病院に行かせてくれと社長に頼みますが、聞き入れられません。

やがて社長は時計に目をやり、ふてくされたように「もう間に合わない……」とつぶやきました。高速道路を飛ばしてBさんたちを中部国際空港から強制帰国させようとしていたのですが、彼女たちの抵抗で予定していた便に間に合わなくなったのです。それでしかたなく彼女たちを寮に戻すことにしました。

Bさんたちは腕を組むなどして、マイクロバスに乗ることを頑として拒否しました。どこに連れて行かれるか不安だったからです。そして彼女たちは徒歩で寮に向かいました。工場長らが取り囲むように見張る中、少し回復したEさんを皆で支えたり、時にはおぶったりしながら、ようやく寮に帰りつきました。

監禁

疲れ果てた彼女たちは、着くなり寮（アパート）の一階の廊下にへたり込みました。もちろん工場長らに見張られています。それでもBさんは「トイレに行かせてほしい」と二階のトイレに行き、そのまま別の階段から脱出しました。Cさんに続き、二人目の脱出です。

寮にいた後輩の研修生が、残ったEさんたちのために水を持ってきてくれましたが、社長は「ダメだ！」と追い返しました。彼女たちは朝から何も飲み食いしていないのに、です。彼女たちが廊下にへたり込んでいる間に、社長は彼女たちの部屋のカギを交換させました。その後「安全は保証する」と社長に言われて一応、彼女たちは部屋に戻りました。時刻はすでに夜九時ごろになっていて、彼女ら四人は疲れ果てて眠りましたが、部屋の中では襖を隔てて部長らがずっと待機して見張っていました。

翌二三日の朝、見張り役が社長とその妻に交代し、Eさんたちの監禁状態は続きます。途中、Eさんは極度の緊張状態から、また痙攣を起こしました。今度はさすがに社長も病院に行くことを許可し、Eさんは救急車で運ばれました。社長らが同行し、帰りは社長の車で戻りました。しかし、それ以外はずっと部屋から出ることを許されず、室内だけでなく外廊下にも見張り役が複数待機していて、完全な監禁状態でした。

午後八時ごろ、Eさんは決意を固めました。襖を隔てた部屋と、外の廊下の「監視部隊」の気配を窺《うかが》いながら、二階の部屋の窓から飛び降りたのです。着地した衝撃で激痛が走りました。足や身体中いたるところが痛み、行くあてもありません。それでもEさんは、休み休み必死に逃げました。三人目の脱出です。このとき、Eさんは左足首の関節を複雑骨折する重傷を負っていました。このケガで後に手術を受けることになります。

ぶどう畑に隠れて夜明かし

一方、Eさんより先に脱出に成功したBさんは、かなり遠くまで走りました。他のすべての実習生同様、行くあてなどありません。ここに来て以降、ずっと早朝から深夜まで仕事ばかりさせられていたのですから。とにかく隠れ、潜む場所を探しました。ぶどうの産地の山梨なので、ぶどう畑が目に入りました。まわりは網で囲まれていて、近くに街灯もあります。「ここなら安全そうだ」と思ったBさんは、網を持ち上げて中に入りました。そのとたん、そこにいた誰かと目が合ってギョッとしました。

でもそれは、なんと、最初に脱出したCさんでした。二人は抱き合って互いの無事を喜びました。たぶんここで会ったのは単なる偶然ではなく、安全な場所を探すうちに同じ場所にたどり着いたのでしょう。二人はぶどう畑で眠ることもなく、潜み続けました。朝から何も口にしていません。目の前には、おいしそうなぶどうが実ってぶら下がっています。でも二人は考えました。「これを口にしたら泥棒になってしまう。それでは元も子もなくなってしまう」。喉から手が出るほど食べたかったけれど、とにかく我慢しました。

やがて夜が明け、パンでも買いに行こうと、ぶどう畑を出て歩き始めました。二人とも裸足《はだし》で全身ケガだらけでした。

「どうしたの!?」傷だらけの彼女らの姿を見て驚いた通りがかりの人が、心配して声をかけました。

救出作戦

二人を助けてくれたこの地元の人は、インターネットで私たちの全統一労働組合を探し当てて連絡を取り、東京まで送り届けてくれました。

Bさんと Cさんが私たちのところに着いたのが八月二三日、土曜の夜一〇時ごろでした。私たちはすぐ宿泊場所（シェルター）を確保し、ケガだらけの二人に応急処置を施してからシェルターに連れて行こうとしました。しかし二人は「まだ四人が残っています！　助けてください！」と強く求めました。

そこで私たちは組合員に緊急連絡して救出の段取りをしました。これまで何度となく研修生、技能実習生の支援や救出の取り組みを行ってきているので、今回の奴隷労働の様子も手に取るようにわかります。連絡を受けた組合員たちは、二つ返事で車の準備や救出隊への参加に応じてくれました。

翌二四日、日曜の朝、山梨に向けて車三、四台に分乗して私たち救出隊約一五人が出発しました。寮に到着して発見したのは、ドアの前で痛みに顔を歪《ゆが》めて座り込んでいるEさんでした。彼女は私たちを見るなり泣きじゃくりました。左足が大きく腫れていました。残念ながら救出隊の到着前、午前七時ごろに他の三人は社長たちに空港に連れて行かれてしまっていて、その日の夕方五時の便で強制帰国させられたのです。Eさんは救出が来るという報を聞いて、なんとか寮まで戻ってきていたのです。

この事件は中国でも新華社が報道し、ネット上でも、ものすごい数の書き込みが中国全土から一斉にされて「中国政府は何をやっているんだ？　保護しろ！」と炎上しました。それで中国大使館の職員もあわててやって来ましたし、中国外交部も二度にわたって日本政府に対し

「中国国民の合法的な権益を守るよう望む」と要望を出しました。私たちもこの会社を追及し、Bさんたちは社長を刑事告訴し、結果的に彼女たちの権利回復は行われました。

上はケガをしたBさんの写真です。腕や脚にすごい痣《あざ》があります。下の写真はEさんの左足首で複雑骨折しています。

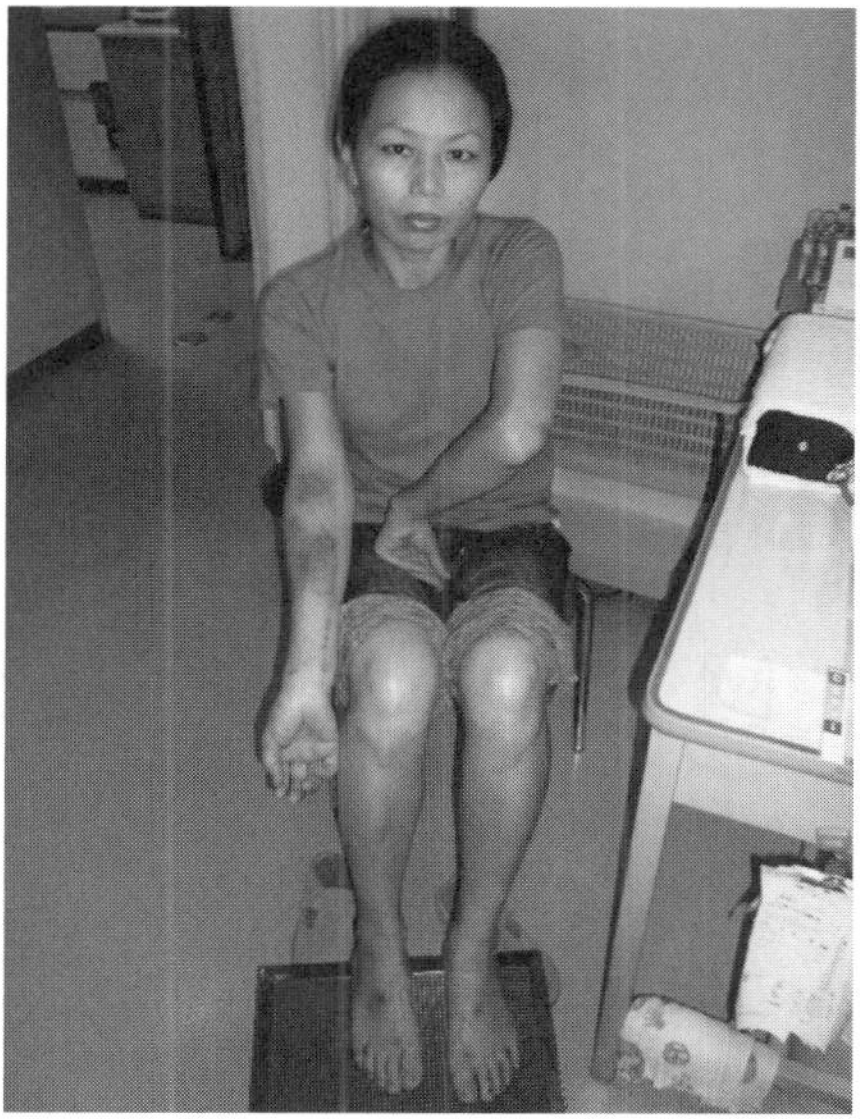

痣だらけのＢさん

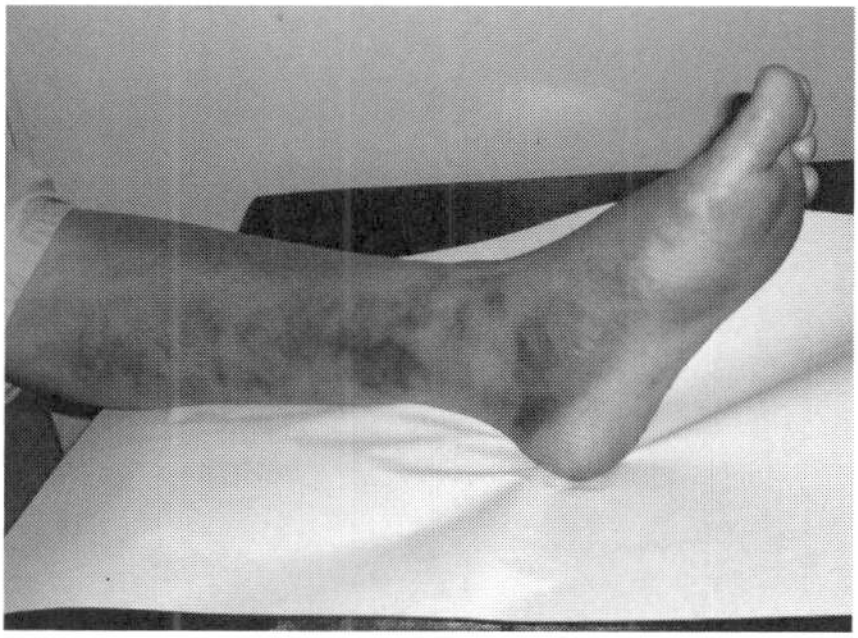

複雑骨折したＥさんの左足首

この事件は「研修」を隠《かく》れ蓑《みの》にし、一次受入機関、二次受入機関（この場合はクリーニング会社）、そして送り出し機関の三者がグルになっての人身売買と奴隷労働の典型的な例です。クリーニングが「技能実習移行対象職種」でないことをわかった上での偽装工作です。Bさんたちは来日以来、技能検定試験のとき以外にはミシンに触ったことがありません。ではどうして試験のときにミシンが使えたのでしょう？　それは、送り出し機関が経営する中国国内の工場で縫製作業の経験があったからです。送り出し機関の関連会社で低賃金で働くことが、日本へ行くための必要条件の一つだったのです。

しかしBさんたちは来日後「三年間ミシンに触らなかったので縫製作業を忘れてしまった」と言います。これのどこに「婦人子供服製造の研修」があるのでしょう？「途上国への技術移転」どころか技術を奪ってしまっています。そして残業時給三五〇円で深夜に及ぶ長時間労働――。

この山梨事件は、日本の各地で「技能実習」の名のもとに行われている奴隷労働の象徴的な例です。単に過酷な労働条件や生活環境の問題だけではありません。不正に気づき、声を上げたBさんたちを暴力で圧殺しようとしたことが、なによりも象徴的に「奴隷労働」であることを表しています。

そこでは民主主義社会の大切な約束事である「労使対等原則」が壊れてしまっています。

【ケース5】セクハラ理事長は市議会議員。高額な布団リース代も徴収

セクハラ理事長がなんと、市議会議員だった、という驚くべき例もありました。

一〇四ページの写真は茨城県の地方都市のある会社の賃金台帳です。左端の一二月の欄を見ると、基本賃金と残業代などで合計一八万円ぐらいになっていますが、一番下はマイナスになっています。これは、布団リース代で一カ月六〇〇〇円も引かれ、家賃として五万五〇〇〇円も引かれているのです（しかも三人一緒の部屋なのに、一人五万五〇〇〇円ずつ徴収していたのです）。

布団リース代だけで年間七万二〇〇〇円にもなります。羽毛布団だとしても、一万五〇〇〇円で買える物もあります。それなのに年間七万二〇〇〇円とは、ありえない高額です。それ以外にも調理器具など、さまざまなリース代が天引きされていました。

そこで、「どこのリース会社からリースしているんですか」と私が尋ねると、理事長が真顔で「私がリースしています」と言うのです。

しかもこの理事長は現職の市議会議員で、とんでもない男でした。女性の研修生の一人を一

賃金計算期間		12月	1月	2月
基本賃金		112,000	112,000	112,000
	残業時間数	87時10分	78時40分	59時50分
	時間外賃金	70,954	64,035	48,704
	消毒手当			
合計		182,954	176,035	160,704
法定控除額	国民健康保険料	4712	4712	4712
	雇用保険料	798	798	798
	所得税	7270	6890	5880
	市民税			
合計		12,780	12,400	11,390
法定外控除額	①家賃	55,000	55,000	55,000
	②水道	2,000	2,000	2,000
	③電気	3,066	3,518	3,224
	④ガス	2,778	2,778	2,778
	⑤灯油			
	⑥布団 リース	6,000	6,000	6,000
	⑦洗濯機 リース	1,500	1,500	1,500
	⑧テレビ リース	1,800	1,800	1,800
	⑨冷蔵庫 リース	1,000	1,000	1,000
	⑩流し台リース	500	500	500
	⑪調理器具リース	1,000	1,000	1,000
	⑫ガス器具リース	1,000	1,000	1,000
	⑬電気炊飯器リース	800	800	800
	⑭調理器具リース	1,000	1,000	1,000
	⑮掃除機リース	1,000	1,000	1,000
	⑯ファンヒーターリース	1,000	1,000	1,000
	⑰扇風機リース			
	⑱浄化槽管理くみ取り	1,000	1,000	1,000
	⑲シツコ費用	5,782	5,782	5,782
	69,390÷12			
	⑳受験費用2回分	3,000	3,000	3,000
	36,000÷12			
合計		89,226	89,678	89,384
差引金額		80,948	73,957	59,930
支払金額		95,510	92,534	85,950
差額		−14,562	−18,577	−26,020

賃金台帳。細かくリース料が課されている

軒家に住まわせて、毎晩性交渉を要求していたのです。

この事件が発覚したのは、その女性研修生が逃げてきたからです。彼女はあるとき、職場で仕事中にケガをしたため、理事長の妻が車で病院に連れて行っていましたが、ケガがだいぶよくなってきたので「自分で行きなさい」と言われ、一人で自転車で通院するようになりました。その道すがら、東京に行く高速バスのバス停に気づいたのです。それである日決意し、「病院に行きます」と言って、そのまま高速バスに乗り、東京の入管に行ったのです。

なんとか入管にたどり着くと、こういうひどい目に遭っている、と相談したのですが、入管から「そういう相談はここでは受けられない」と言われてしまいました。それで心底ガッカリして帰ろうかと思い、とぼとぼ歩いていると、入管の建物から人が走り出てきました。入管職員か関係者かはわかりませんが、その人は「あなたのような問題はね、ここへ行きなさい」と言って「女性の家ＨＥＬＰ」というシェルターを教えてくれたのです。これは日本キリスト教婦人矯風会《きようふうかい》がやっている施設で、女性とその子どものための一時避難施設です。それで彼女はそこに行ってみました。彼女から話を聞いた「ＨＥＬＰ」の人は、どうも技能実習生か研修生らしいということで、私のところに「鳥井さん、全統一労働組合で対応してもらえないですか」と電話してきました。それで本人が相談に来たのです。

話を聞いた私たちは、その会社に交渉に行きました。しかしその理事長は現職の市議会議員で、市議会議長も経験している人間だけあって海千山千でした。申し訳なさそうな顔をしながらも、ときどき「ううっ」と、うなって「いやぁ、心臓が悪くて、こうやってニトロを持っているんですよ」と薬をわざわざ出して見せるのです。そうやって自分は身体が弱いかのようにアピールするわけです。

最終的には裁判所で「和解」による金銭的補償ということにしました。和解せずに裁判で勝訴しても、彼女が国に帰ってからが大変ですから。故郷の人たちにそういうことを知られたら、またそこでつらい思いをしてしまうからです。セカンド・レイプという言葉がありますが、セクハラされていたことを知られることで二重の被害が起きるわけです。残念ながら、それに対応する力を私たちは持ちえていませんでした。

「普通の人」、「いい人」、社長が変貌する

これまで述べてきたような強制帰国や時給三〇〇円は誰が見たっておかしいわけです。では、なぜそういうことが起きるのでしょうか。政府やＪＩＴＣＯは一貫して「制度を理解していない一部の問題」と言いつづけてきました。はたして本当に一部の不心得者によるものでしょう

か。

しかし、事実は違っています。私はこれらの事件で、たくさんの社長さんたちと会ってきました。ヤクザ・暴力団の類はほとんどいないのです。中には前述の理事長のようなとんでもない社長もいましたが、そちらの方がごく一部で、むしろ悪質な例は、なぜか大体が地方の町議会議員や市議会議員であったりしました。でも、多くの社長は、ふだんは地域の自治会、町会や子ども会の面倒を見たりしている普通の人、いい人たちではないかと実感されるのです。

では、なぜそのいい人であるはずの社長たちが、セクハラや暴力事件、時給三〇〇円での奴隷労働を引き起こしてしまうのでしょうか。私は「邪悪な欲望に変貌する社長」と言ってきました。これはどういうことかというと、社長と技能実習生の間には著しい支配従属関係があるということが前提にあります。

本来、労働契約の範囲での業務指揮命令＝支配従属関係はあります。しかし、民主主義社会においては労働者の人権、人格権は尊重されなければならず、人格を否定する著しい支配従属関係は許されません。労使対等原則の約束があり、社長は労働者を選ぶことができる（人事採用権）と同時に、労働者もまた社長を選ぶ、つまり会社を辞める権利を持っています。

ところが技能実習制度では、技能実習生が「前借金」を課せられたり、「日本人とは付き合わない、外泊禁止、恋愛禁止、日本の労働組合に加入しない、妊娠したら強制帰国」などと記載された契約書に署名させられたりしています。つまり、「辞める」＝「帰国」＝「借金生活」となるわけで、がんじがらめになっています。そういう辞める自由のない奴隷労働構造の下で、受け入れ一年目はやさしい社長も、例えば技能実習生と親しく冗談を言い合う中で、「入管行くぞ」、「帰らせるぞ」などと冗談で言うとします。すると、技能実習生たちは想像以上にビクッとしてしまうのです。その様子を見て、「これは何をやっても大丈夫」と考え、善良な社長が普通でなくなってしまう、邪悪な欲望そのものに変貌していくわけです。よく「戦争が人を変える」と言いますが、まさに技能実習制度が普通の善良な社長たち（人）を変えてしまうのです。これが労使関係を著しく誤解させてしまう技能実習制度の恐ろしさなのです。

また、こうした欲望に魅入られてしまった社長たちは送り出し国に面接ということで旅行に出かけては、事前研修をしている技能実習生を並ばせて、「この子とこの子と、この子」と選ぶのです。これは人身売買感覚そのものです。

図9　民主主義社会における労働契約(労使対等原則)

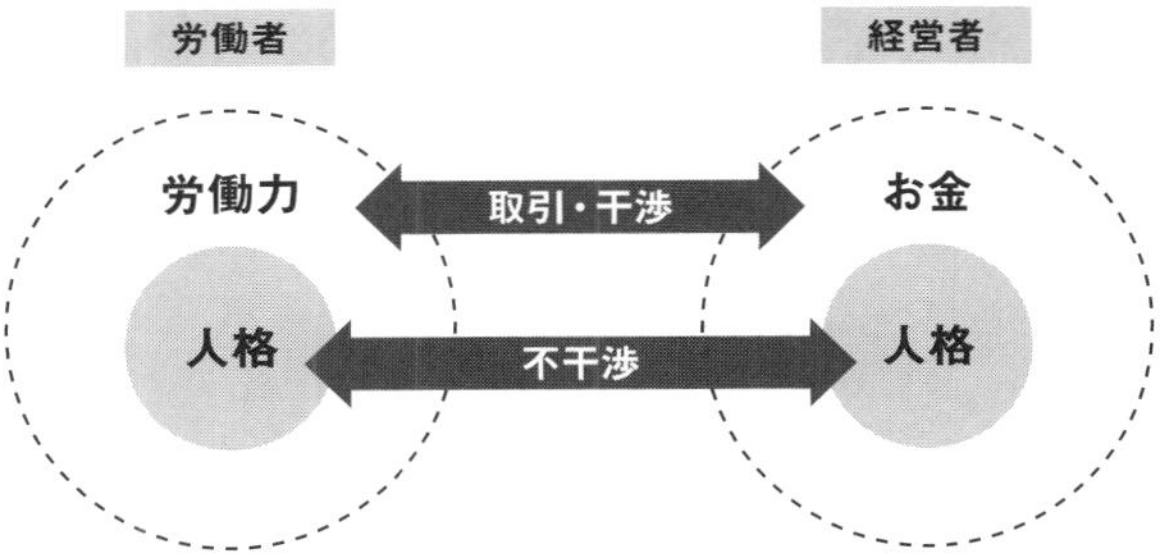

原案:東條由紀彦(明治大学教授)

図10　技能実習生を縛りつける契約(奴隷労働構造)

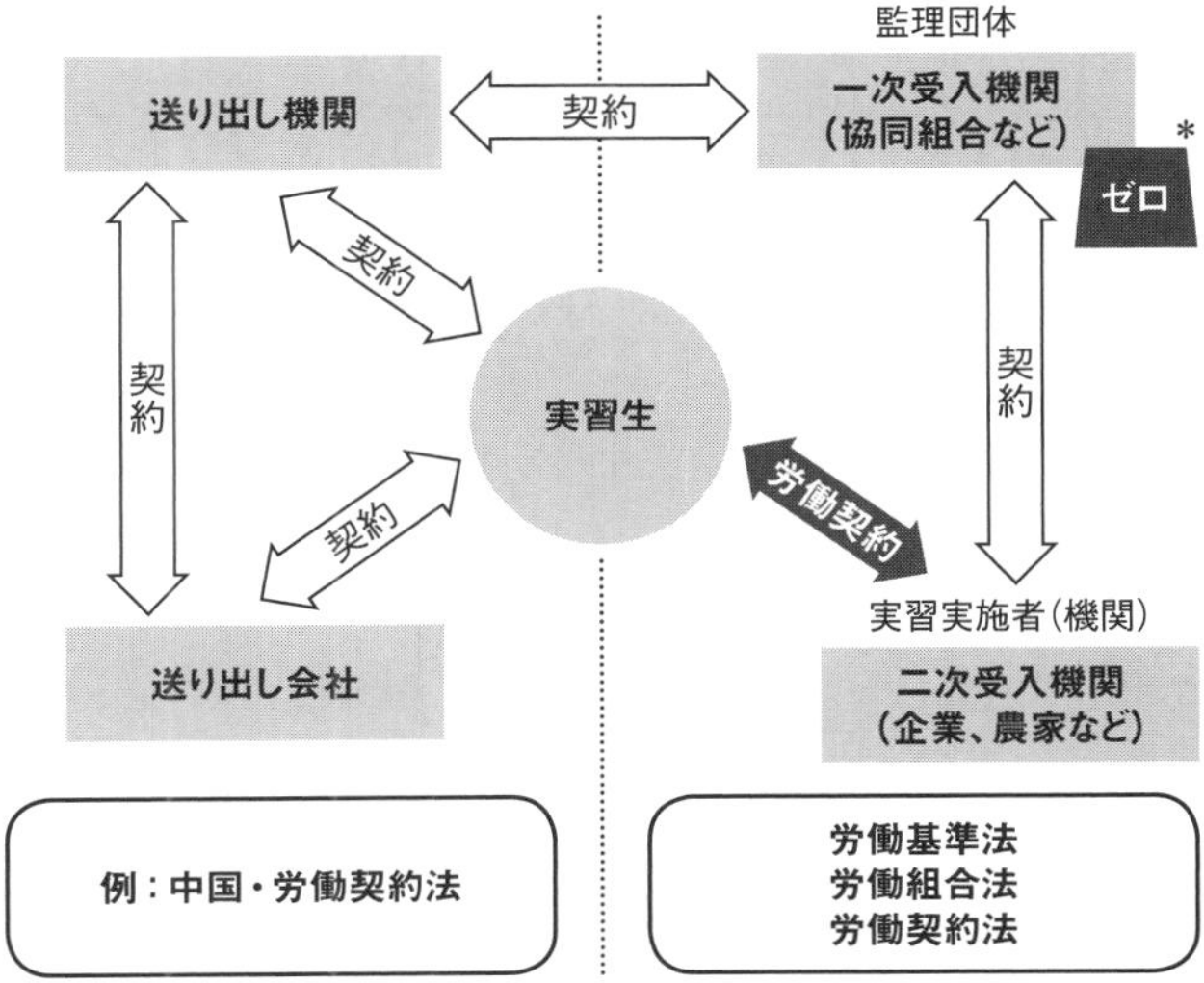

*ゼロ　一次でも二次でもない指南役・ブローカーのこと。労基署内での符丁

【ケース6】「とちおとめが泣いている事件」

二年半無休。パスポート取り上げ、強制貯金

二〇〇七年の一二月九日には、実習生たちを成田空港から強制帰国させようとした事件がありました。これを私たちは「とちおとめが泣いている事件」と呼んでいます。

事件の三日前の一二月六日に、私たちの事務所に四人の中国人男性の実習生が相談に来ました。「栃木県のいちご農家で働いているけど、一年三六五日、一日も休みがない。パスポートも取り上げられていて、携帯電話もパソコンも禁止、時給も五〇〇円ぐらいです。なんとかしてほしい」と。朝五時に起床し、いちごの摘み取りや包装作業で夜の一〇時まで働かされ、年中無休だというのです。しかも、少ない給料から「強制貯金をさせられ、その通帳や印鑑も取り上げられている」ということでした。まさに奴隷労働状態です。そこでは一五人ぐらいが働いていたのですが、四人が代表して相談に来たのです。

聞き取りを終え「後日調査に行くので、今日はこれで終わりです」と言って、帰らせようとしましたが、「あ！」と思い、「でも一年三六五日、一日も休みがないというのに、今日はどう

やって来たんですか」と尋ねると、「二年半無休で働いてきたので、特別に休ませてほしい、ということで来ました」と。

それを聞いて「これはヤバいな」と思いました。携帯もパソコンも禁止しているということは、農家の側も自分たちがやっていることが悪いことだと認識している。そこへ、「特別に休ませてくれ」と言って東京へ行ったのがバレたら、報復されるかもしれません。

ただ、彼らはこっそり携帯電話を隠し持っているということだったので、「それなら、とにかく今日は帰って、何かあったら電話してください」と言いました。

すると三日後の一二月九日の早朝に電話がかかってきて、「今、空港のトイレから電話しています。五人が働いている一軒の農家に、警察官が五人来ました」と。実習生一人ひとりに警官がマンツーマンで来て、「荷物をまとめて国に帰れ！」と言われ、マイクロバスが用意してあり、空港に連れて行かれる、と言うのです。

私は大阪から東京に移動中だったのでスタッフに連絡し、成田空港に向かってもらいました。空港に着いたスタッフが中国航空のカウンターで待機していると、グレーのスーツ、耳にイヤホンをさした私服警官たちが、実習生たちのベルトや腕をつかんだりして引っ張ってやって来ました。そこでスタッフが「放せ！」と言ったのですが、放さないので、もみ合いになりました。騒ぎを聞きつけて制服の空港警察官が「どうした、どうした?」と言いながらドーッとやって来ました。すると五人の私服警官はスッといなくなったのです。彼らはニセ警官だったのです。自分たちでは「警察だ」と名乗っていましたが、実は農家側が雇ったガードマン、警備会社の人間でした。

その後、空港警察にも立ち会ってもらい、この五人の実習生は私たちが保護して上野のシェルターに連れて帰ってきました。残りの実習生たちも、その日の夜のうちにタクシーに乗り合わせて栃木から連れて来て、彼らもシェルターで保護しました。タクシー代は一台三万二〇〇〇円くらいかかりましたが、急がないと何をされるかわからないので、そうやって逃げてきたのです。

その後、農家とはもちろん交渉して、補償させました。

この事件の空港での動画は「とちおとめ事件」と呼ばれて英語版も作られ、海外でも大きく広がりました。

【ケース7】「銚子事件」

強制貯金使い込み、パスポート取り上げ

技能実習生のパスポートを取り上げたり、強制貯金をさせているケースは当初多かったのです。私が技能実習制度の実態と初めて出会ったのは、一九九八年の千葉県銚子《ちょうし》市で起きた「ロジスティクス協同組合事件」でした。この事件は、新聞やテレビでも大きく報道されました。正式名称を「全国生鮮食品ロジスティクス協同組合」という外国人研修生受け入れ団体が、研修生・実習生に強制的に貯金をさせていたのですが、その貯金を、理事長夫婦が使い込んでしまった事件です。これに抗議して、中国人の研修生・実習生が協同組合の前で座り込みをしたことが、新聞で報道されました。

私は当時すでに何年も外国人労働者の問題をやっていたので、そのことを知っているフジテレビの記者から「鳥井さん、行って、見てほしい」と言われました。その記者が中国人の有名なジャーナリスト、莫邦富《モウバンフ》さんを連れてきて、一緒に車で現地に行き、フジテレビも同行取材しました。

銚子に行って驚きました。道路いっぱいに自転車に乗って帰宅する、ものすごい数の中国人がいたのです。「ここは北京か」と思うほどでした。それほど大勢でした。

実習生たちの宿舎を回ってみると、あまりに老朽化した建物で驚きました。中には多少マシ

なアパートに住んでいる実習生もいましたが、ある一軒家の寮は、すきま風が吹き込むすさんだ建物で、そこで話を聞いていた私も震えるほど寒かったです。隔離された閉鎖的な雰囲気で、人目を避けて存在を覆い隠すような環境でした。

彼ら彼女らは、「製缶機で缶詰を作る技術を身に付ける」という名目で日本に来ているのですが、「研修・実習」先の水産加工業者は、製缶機を持ってはいるものの、ただ置いてあるだけで実際に使われている形跡はなく新品でした。皆もっぱら手作業で、包丁を使って魚をさばく仕事をさせられていたのです。研修・技能実習の名目とは全然職種が違います。そういう作業をしていて、皆パスポートも取り上げられていて、強制貯金させられていました。中には逃げ出して他のところに働きに行っている人もいましたが、そういう人も帰国する際にはやはりパスポートが必要ですから、私たちのところに連絡してきて「パスポートを取り返してほしい」と相談してきました（最終的に、私たちはパスポートを取り返すことができました）。

パスポート取り上げは、当時、どこでも当たり前のようにやっていました。これに対しては、その後「一時預かり証を渡さなくてはならない」という規定ができるのですが、「預かり証を作っても、それはパスポート取り上げを推進しているようなものだ。それもダメだ」と私たちが厳しく追及して、結果的に一九九九年に「いかなる名目であろうとも、パスポートの取り上げはダメ」ということになりました。

研修生・技能実習生たちからパスポートの取り上げが行われたのは、失踪防止のためのひとつの手段です。最近のテレビなどでは「実習生の失踪が増えている」という放送をしましたが、これはミスリードです。失踪率は増えていないのです。実習生の全体数が増えたので、失踪した数自体も増えてはいますが、失踪率は増えていないのです。二〇〇七年か二〇〇八年に失踪率は最大四パーセントまでいきましたが、それ以後、四パーセント超になったことはありません。法務省の発表でも二〇一四年から一八年まで、二~三パーセント前後です。なぜかと言うと、「逃げる自由」、つまり「辞める自由」がないのです。「逃げられない仕組み」を最初から作っているからです。その仕組みを作り出したのは、日本側です。

借金でしばる「保証金制度」も日本側が作らせた

一次受入機関でパスポートの取り上げをしている他に、日本の受入機関が現地の送り出し機関に指示して「保証金制度」というのを作り上げました。それによって実習生に前借金を背負わせて、逃げられないようにしたのです。そのアイデアを出したのは、日本側です。

送り出し機関にも、地域との信頼関係がありますから、ひどいことをやり過ぎると地域から突き上げを受けます。実習生に前借金を背負わせるような仕組みを作り出したのは、日本側です。当初日本にいた研修生・実習生が、日本語が上手になって国に帰った際、日本側の一次受入機関の理事長や役員から「じゃあ、お前、国で送り出し機関を作れよ」と指示があり作られていった送り出し機関もあったのです。

送り出し機関と、受入機関の両方がお金を取るのですが、やらせているのは全部日本側です。しかしこういうことはあまり報道されていません。

最近「送り出し機関も取り締まらなくてはいけない」という主張がありますが、これもミスリードです。全部日本側の責任なのです。この制度は日本の制度ですから、送り出し機関に問題があるなら、その機関が送ってくる人を受け入れなければ、それですむはずです。ですから、それはこちらの一次受入機関、今は「監理団体」と呼ばれますが、この監理団体側に問題がある、ということです。

恋愛・妊娠・出産禁止

最近、報道されているのが「日本人との恋愛禁止、妊娠・出産禁止、妊娠したら強制帰国」などという契約書を書かされている問題です。「日本人と接触することすら禁止、外泊も禁止」

「妊娠で解雇」無効申し立て

中国人実習生の女性

妊娠を理由に解雇されたのは不当として、富山市の食品会社で働く中国人技能実習生の女性(20)が13日、富山労働基準監督署に解雇の無効を申し立てた。

「外国人研修生権利ネットワーク・福井」によると、この実習生は昨年12月4日に来日し、同社で食品加工の仕事に携わっていた。契約は今年10月19日までだったが、6月24日、実習生の受け入れを仲介する富山市の食品循環協同組合富山営業所から妊娠を理由に突然帰国を求められたという。

帰国を拒んだ実習生は同日中に富山空港に連れて行かれ、搭乗手続きをされたが、空港職員に訴えて出国を免れたという。実習生は翌日に流産した。

実習生は「とても怖かった。子どもは戻ってこないが、訴訟も起こしたい」と話している。

同ネットの説明では、妊娠が理由の解雇は男女雇用機会均等法により認められておらず、外国人の技能実習生にも適用される。

一方、食品循環協同組合側は「中国側の送り出し機関から帰国の要請があり、実習生も帰国に同意した」と弁明。中国側と実習生の間で、妊娠した場合は帰国するという契約があったと主張する。食品会社の担当者は「解雇はしていない。中国側との契約なら帰国は仕方がないと思った」と話している。

「朝日新聞」2011年7月14日

「慢性病、エイズ、及び妊娠の場合、強制帰国」などというところもあります。これらの問題はまさに差別ですし人権蹂躙《じゅうりん》です。実はこれも、ずっと以前から繰り返されています。

これもすべて日本側の問題です。もし送り出し機関の側の契約書にそういうことが書いてあるなら、それを受け入れ側の監理団体が知らないはずがないのです。受け入れ側の監理団体が「そんな契約書を書いているところとは一緒にやりませんよ」と言えば問題はそれで終わるのです。

送り出し国は、日本側に受け入れてもらえなければ何もできないわけですから、日本側から言われるがまま、日本の企業のニーズに合うよう「教育」したり、非人道的な契約をするように強いられていると言ってもいいでしょう。

【ケース8】「トイレ一分一五円」の罰金

「はじめに」で触れた、愛知県豊田市にある某大手自動車メーカーの下請け会社では、研修生・実習生たちのトイレの使用回数と使用時間まで分刻みでチェックしていました。何分トイレに行ったかを記録し、一分につき一五円の罰金を取っていたのです。

この工場は、車のヘッドレストやアームレストをミシンがけして作る工場でしたが、ここで働いている研修生・実習生たちは、給料が安いことに抗議して、賃上げ要求をしました。その報復措置のような形でトイレの回数と時間のチェックをするようになったのです。

彼女たちの相談を受けて私たちが乗り込むと、すぐにこのトイレ・チェックはやめましたが……。

次ページ下の写真は彼女たちの寮です。この寮はまだきれいな方ですが、それでも二段ベッドでカイコ棚状態です。研修生・実習生の多くが、こういう場所で生活させられているのです。一九一〇年代に工場で働いていた女性たちの悲惨な生活を記録した『女工哀史』（細井和喜蔵著、岩波文庫）という本がありますが、それに近い世界です。

トイレ使用時間・使用回数表　*4月度（5/17）のきゅうりょうよりマイナ

24	25	26	27	28	29	30	31	32	33	34	35	36	37	38	39	40	41	42	43	44	45	46	47	48	49	50	合計分数	合計回数	天引き分数
2	2	2	2	2	2	5	2	2	2	[illegible]	2	2															70	36	45
1	1																										31	25	6
																											8	4	0
2	3	2	2	2	3	2	2	3	2	[illegible]	2	2	2														76	37	51
																											28	19	3
																											35	18	10
2																											34	24	9
1	1	3	1	1	2	1	1	2	2	[illegible]	1	1															59	36	34
2	1	2	1	2	1	3	2	1	2																		50	33	25
																											14	10	0
1	1	1	1	2	2	1	2	1	1	[illegible]	1	1	1														51	37	26
1	2	2	2	1	1																						43	29	18
1	2	1	2	1	1	2	1																				37	31	12
1																											36	24	11
																											28	20	3
																											15	9	0
2	2	1																									39	26	14
																											31	19	6
																											23	16	0
																											14	14	0
1	1																										30	25	5
																											29	15	4
																											27	16	2
																											21	10	0
																											27	19	2
2	2	3	2	2	2	2	2	2	2	[illegible]	2	2															72	36	47
																											28	21	3
1	[illegible]	1	1	[illegible]	1	[illegible]	[illegible]	[illegible]	1	[illegible]	[illegible]	[illegible]	1														[illegible]	[illegible]	[illegible]

表の左端、見切れたところに研修生・実習生の名前がある

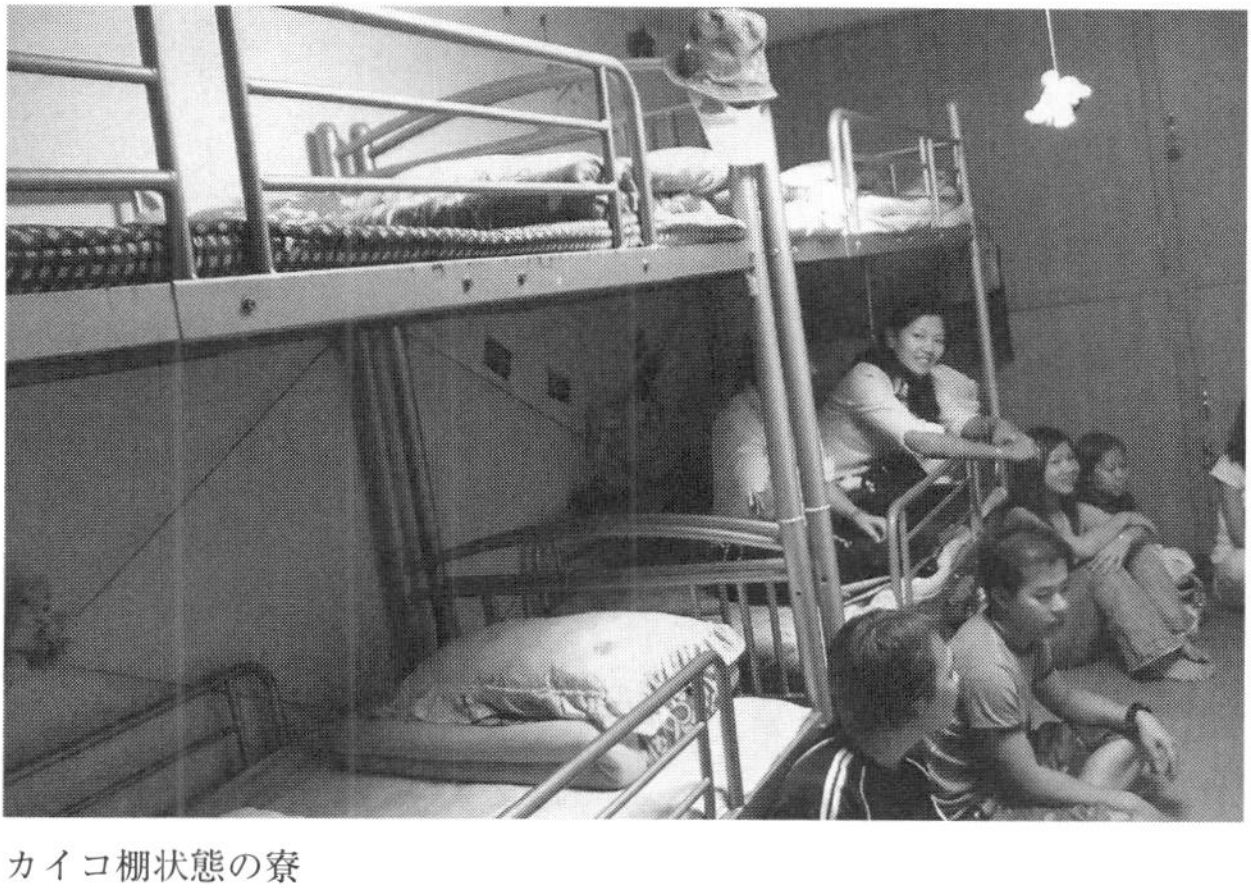

カイコ棚状態の寮

【ケース9】被害者が逮捕された

外国人労働者や技能実習生、研修生に対する暴力事件はよくあります。とくに建設関係では多いです。

埼玉県では二〇一九年にベトナム人同士の殺傷事件がありました。一人が亡くなり、もう一人は重傷でしたが助かりました。しかし、ようやく回復し、退院したその日に逮捕されてしまいました。被害を受けたのに、なぜ逮捕されたかというと、不法就労だというのです。彼は技能実習生だったのです。でも彼が不法就労になってしまった原因は、実習先の建設会社で社長や先輩の日本人従業員から毎日暴力をふるわれていたせいなのです。それがつらくて逃げて、他の会社で働いたのですが、技能実習生は職場を変えることが許されていないため、不法就労になっていたのです。そして逃げていた先で、この被害に遭ったのです。

これはひどい話なので、私たちは警察に「技能実習制度の被害者であり、逮捕はおかしい」と訴えました。私たちは、彼が元々働いていた会社の社長とも団体交渉をしました。しかしその社長は悪びれもせずに「言葉があまり通じないし、口で言ってもわかんないから、身体で覚えてもらいました」と、自分たちの暴力を正当化したのです。何かにつけ、殴る蹴るなどの暴力をふるっていたのにです。これは、外国人に対する差別に加えて、パワーハラスメントや暴力が横行する建設業界の体質的な問題であり、警察や入管は被害者の救済ではなく外国人の逮捕・取り締まりを優先する、という問題を示しています。

ハンマーで殴られたルン

こういう暴力やパワハラの例は本当にたくさんあります。例えばカンボジアから技能実習生としてやって来たルン（仮名）は、職場で毎日、恐怖に震えていました。日本人の同僚たちから「日本語で話せ！」「お前は使えないな！」などと毎日どなられ、工具を投げつけられることもあったからです。

借金をして日本に来ましたが、「日本に行けば稼げる」という約束でした。でも、仕事は建設関係の型枠工と聞いていたのに、来日後一年間、型枠に触ったことは一度もありません。それなのに、型枠の基礎二級の試験には合格しました。答えを事前に教えてもらったからです。

日本で三年間働いて借金を返し、国の家族と新しい生活を始める計画でした。だから毎日の暴力にも我慢してきたのです。しかしある日ルンはいきなりハンマーで殴りつけられてヘルメットを割られ、恐怖のあまり職場に行けなくなり、言葉も出なくなってしまいました。ケガ自体は大したことがなかったのですが、それまで毎日のように殴られ蹴られ、罵声を浴びせ続けられたことが蓄積していて、ヘルメットの上からとはいえ、頭をハンマーで殴られたことで恐怖とストレスがマックスになり、うつ病になってしまったのです。

職場では社長も先輩も助けてくれませんし、監理団体の通訳も同じでした。ルンは知人の紹介で私たちのところにやって来たので、私たちは彼を保護し、労災認定も取りました。今ルンはカンボジアに帰って元気にやっています（移住者と連帯する全国ネットワーク編『移民社会20の提案』）。

【ケース10】「ン問題」とは何か？

移民問題での日本の行政の矛盾を象徴的に表すエピソードがあります。保険の入力システムを変えるのではなく、「名前の順番を変えろ」という話があったのです。

タンザニア出身のンダイキヤ・〇〇〇〇さんという人が建設会社で働いていたのですが、ある日、日本年金機構の事務センターから会社に電話があり「お宅の会社のンダイキヤ・〇〇〇〇さんの名前の順番を変えてもらえませんか。『ン』からでは入力できないんです」と言うのです。

ンダイキヤさんは一九九〇年代に来日し、産廃処理場、解体作業、建設と、主に現場での仕事をしてきて、日本人女性と結婚し、永住許可も得ました。自動車免許も取り、この会社では「親方」的な存在です。

この会社が社会保険の全員加入を決めたので、ンダイキヤさんも国民健康保険から社会健康保険になることになりました。しかし手続きをしてもなかなか保険証が届かないので、会社の総務担当者が年金事務センターに問い合わせたところ、「名前の順番を変えてほしい」という電話がかかってきたのです。

総務担当者は「なんとかならないんですか」と尋ねましたが、事務センター職員は「システム上、無理です。名前の順番を変えてもらえませんか」と言うばかりです。

相談を受けた私たちは年金事務センターに抗議しました。

「日本人に対して、名前の順番を変えろ、なんて言いますか?」

すると年金事務センターの担当者は「言いませんでしょうね」と答えました。

「これまでも、こういうことはあったんですか?」

「はい、そうしてきました。システム上、入力できないんです」

「システムを変えればいいじゃないですか」と言うと、向こうは黙り込みました。

年金事務センターの担当者にしてみると、システムを変えるという発想が、そもそもないわけです。「ンダイキアで始まる名前なんていうのは特別な事例だ」としか考えられないのでしょう。でも、アフリカでは「ン」で始まる名前も多いのです。前出の国連のジョイ・ンゴシ・エゼイロさんのミドルネームもそうです。

この問題は国会でも取り上げられ、半年後にシステムが変更され、ンダイキヤさんのもとにも、新しい保険証が届きました。このケースは、これからの社会をどう考えていくのかということの一つの重要な例だと思います。これは、国会まで行かないとシステムが変わらなかった、ということですから。

【ケース11】「未払いの給料をよこせ」と言って逮捕されたイラン人

あるイラン人労働者が給料を払ってもらえないので抗議したら、逮捕されたという事件もあります。

彼が勤めている会社が給料未払いで、いつまでたっても払ってくれないので、彼は社長に直接文句を言いに行きました。すると目の前の机の上に札束が積んであったのです。それで「ここにお金はあるじゃないですか。給料分としてこの金をもらいます」と持って行ったら逮捕されたのです。本人は給料を支払われていないから、未払い分を払ってもらっただけのつもりですが、窃盗犯にされてしまいました。

彼は東京都足立区の西新井警察署に連れて行かれたのですが、「これはおかしい」ということで、私たちの組合員一〇〇人ほどで警察署に抗議に行きました。イラン人など大勢の外国人も一緒にワーッと行って、皆で「釈放しろー！」と要求したのです。

すると警察側もその迫力に圧倒されたのか、起訴はされなかったのですが、オーバーステイだったため、そのまま入管に連れて行かれ、結局、強制送還になってしまいました。オーバーステイ労働者だと、いったん逮捕されたら、そのまま入管に連れて行かれてしまうのです。

【ケース12】入管収容者への差し入れを職員が横領

一九九〇年代当時は入管の収容所に入れられている収容者にお金を差し入れしても、収容所側は受取証一つ書きませんでした。それに対して私たちは「おかしいじゃないか」とずっと抗議していたのですが、あるときに、入管の職員が横領していることが判明しました。これは有名な事件です。

入管の収容所というのは外部のチェックの目がなかなか入らない場所なので、現場の職員の裁量で、本当にいろいろなことが決められてしまうのです。だからこそ、違法なことや人権侵害がしばしば起こるのです。法に基づいた行為でなく、職員の裁量による行為が黙認されているからです。法務省の管轄なのに「法による支配＝法治主義」でなく「人による支配＝人治主義」になってしまっています。そこに入管の大きな問題があります。

【ケース13】養豚場殺人事件――受入機関の理事が送り出し機関の実質的社長

二〇〇六年に千葉県木更津市の養豚場で、二六歳の中国人研修生が殺人事件を起こしました。被害者の一次受入機関の理事は、実は送り出し機関の実質的な社長もしていて、両側から金を取っていました。

この研修生が木更津市の養豚場で働き始めたのは二〇〇六年四月で、彼は来日するために家族が住んでいる家の使用権を売ったり、親戚の家の権利書まで担保にして借金をして、現地送り出し機関に「渡航費用」として日本円にして一〇〇万円以上の大金を支払っています。この送り出し機関は、一次受入機関の理事が実質的に社長をしている団体だったのです。

この研修生は「数年間働けば、借金を返して貯金もできる」と思って来日したのですが、実際は週四〇時間労働で週休は一日だけ、給料は月額わずか六万五〇〇〇円、残業代も時給四五

○円で、当時の千葉県の最低賃金の六八二円よりはるかに安いものでした。
八月まではまじめに働いたものの、あまりに安い給料の件で一次受入機関に抗議したところ、理事は彼を強制帰国させることに決めたのです。帰国させられれば、彼と両親には住む家もなく大きな借金だけが残ります。それで逆上した彼は、理事をナイフで刺して死なせてしまい、通訳の中国人女性にもケガを負わせてしまったのです。そして懲役一七年という判決を受けました。この事件に関してはジャーナリストの安田浩一さんが取材して『外国人研修生殺人事件』（七つ森書館）で詳細に書いています。

ここまでは悪辣な日本側の社長や、行政側の人間の非人間的な対応について多くのケースを列挙しましたが、中には外国人労働者の立場に立って考えたり、彼ら彼女らを守ろうとしている社長や、官僚もいます。その例を二つほど挙げてみましょう。

【ケース14】自殺したが約束は守った社長

一九九三年に埼玉県新座《にいざ》市のメッキ工場で働いているインド人が私たちのところに労働相談に来て、「給与が遅配している」と言いました。

「それはマズいぞ。倒産ということになるかもしれないから、一度行って、社長と話をしよう」ということで、私は工場に行って社長に会いました。

すると、その社長はそんなに悪い人間ではなく、「申し訳ない。バブルが弾《はじ》けてから景気が悪くてどうしようもないんです。実は自分は今、借金だらけなんです」と説明しました。

そこで私は社長に、「事情はわかりましたけれども、少なくともいくら遅配しているのか、一人ひとりに対してどれだけの賃金を払っていないのか、それだけははっきりさせてください」と話しました。「そうすれば、こんな言い方をして悪いけれど、万が一会社が倒産するような事態になっても『未払賃金立替払制度』というのが、オーバーステイの労働者に対しても全員適用されますから」とお願いしたのです。

「未払賃金立替払制度」とは、会社倒産で賃金が支払われないまま退職した労働者に対し、国が未払い賃金の八割程度を支払うという制度です。説明すると、その社長は「わかりました」と言ってくれました。

しかしその後一カ月ほどしてインド人の組合員から電話があり「社長が死んだ、自殺した」と言うのです。メッキ工場で扱っている青酸カリを飲んだのです。借金でがんじがらめだったそうです。

私は工場に駆けつけました。すると社長が約束を守ってくれていたことがわかりました。手書きでしたが、一人ひとりの労働者の名前を書いて、いつからいつまでの賃金が未払いだという書類も作ってあり、押印もしてありました。おかげで未払賃金立替払制度が適用できました。

そして同時に、工場長を含めた日本人労働者の申請も行われました。外国人労働者たちが動いたことで、日本人従業員も一緒に立替払を受けることができたのです。

このメッキ会社社長以外にも、外国人労働者たちに気配りしている社長はいます。例えばある工場では、危険な箇所には、いろいろな国の言語で安全のために何に留意すべきかということが、工場内のあちこちに張り紙してあるのです。こういうちょっとした工夫で、日本語が苦手な外国人労働者の事故を防ぐことにつながります。そうした心配りが大切なのです。

【ケース15】全身やけどを負ったイラン人青年と、親身に動いてくれた労災課長

大やけどを負って、帰国後もずっと治療を続けたイラン人青年がいます。事故に遭ったのが一九九一年で、帰国したのが九二年だと思います。彼は、工場のガス爆発で全身に大やけどを負いました。端正な顔だちの青年でしたが、顔も含めて全身に大やけどを負ってしまい、国に帰って治療を続けることになりました。

当時は帰国して労災治療するという前例がない時代でしたが、この件では千葉県柏《かしわ》の労働基準監督署の労災課長が非常によく頑張ってくれました。

調べていくと当時のイランはイラン・イラク戦争（一九八〇年〜一九八八年）の経験もあり、やけどの治療は比較的進んでいるらしい、とわかりました。国に帰ったほうが本人も精神的に安定します。ですから、帰国後の治療にも労災が使えるようにしてほしいと交渉していたのです。当時は、労災課も英語の資料など作ったことがなかったと思いますが、彼が国に帰ってから医療を受ける際に役立つ資料を用意しようと、その件でも私たちは労災課と交渉を重ねました。

これに対して、担当の労災課長も「なんとかしましょう」と言って、イランに持ち帰るための英語資料を作ってくれました。当時の通常の日本語の資料はＢ５サイズだったのですが、それをＢ４判にして、左半分に日本語、右半分に翻訳を全部つけてくれました。青年に、それを持たせてイランに帰したのです。

当時私たちは省庁交渉などで、労働現場の実態に基づいて、次から次へといろいろな問題提起をしていき、労働基準監督署とも、いろいろやり合っていました。でも、その労災課長は非常に誠実に頑張ってくれました。また、厚労省の現場の担当者や、労働基準局の監督課の人も、一生懸命対応してくれました。

官僚というと、四角四面の前例絶対主義の人や居丈高な人ばかりだと思いがちですが、中にはそうやって一生懸命頑張って手助けしようとしてくれている人もいます。希望はあるのです。私たち移住連のメンバーにも、市役所で長く働いてきた人がいます。彼は「市役所で公務員としてまじめに働くのはいいけれど、カウンターの向こう側に回り込むことができるかどうかが大事なんです」と言っていました。「カウンターのこちら側でずっと対応しているだけでは相手が見えてこない。それでは公務員としての本当の仕事ができません。カウンターの向こう側に回って相手の話を聞く、その人のことを考える、ということが必要なんです」と。これは非常に核心を突いていると思います。

私自身も、前述の労災課長をはじめとして、そういう公務員の人に出会いました。カウンターのこっち側に来てくれる人に。そういう人は警察官にもいます。それは希望です。

【ケース16】筆者に火を放った社長

やけどといえば、私自身も大やけどを負った経験があります。一九九三年一二月のことでした。バングラデシュ人労働者から、未払いの賃金をなんとかしてほしいと相談があり、その会社の社長と交渉したのですが、交渉はうまくいかず、結局、裁判所が仮差し押さえを決定しました。

そこで私も裁判所の執行官とともに会社に行き、差し押さえに立ち会うことになったのですが、その際に、なんと社長がガソリンを私にかけ、火をつけたのです。私は全身に大やけどを負って救急車で病院に運び込まれ、その後都立病院の救命センターに転院し、長く治療を受け、結果的に特にやけどがひどかった両足に皮膚移植手術も受けました。

経営者の暴力的な対応はそれまで経験していましたが、まさか火をつけられるとは思っていませんでした。入院中もその後も、「なぜ、社長はあんな極端な行動に出たのだろう」と私は考え続けました。

そして、思ったのです。私たちが、あの社長に大義をつくってしまったのではないか、と。雇用主と労働者の関係においては、社長たちが権力をふるって労働者が搾取され、被害に遭うのですが、この社長からすれば、自分の商品などを年末に差し押さえに来た裁判所は国家権力であり、その差し押さえをさせた私も〝権力者側〟の人間だ、ということになったのだろう、と思いあたったのです。

裁判では社長は実刑判決となりました。ただ、被害者である私への検事からの「どんな量刑を求めますか」との尋問に対し、私は「このような仕事をしている私としては、量刑ではなく、この場で被告人に謝ってほしい。それを望むだけ」と答えました。「反権力」の大義を持ったこの社長との関係では、「正義と悪」ということだけでは解決しないと思いました。

大やけどで死にかけ、二カ月の入院、二七年経った今も両足には潤滑のクリームを塗らなければならない後遺症が続くというのは、かなり手痛いことではありましたが、救命センターでの経験も含め、いろいろ考えるいい機会になりました。そして、この事件で大やけどを負ったおかげで、「本当に燃えちゃった炎のオルグ」、「懲りないオルグ」として、外国人労働者たちから信頼を得ることになりました。また、このやけどの傷に加え、過去の自分自身の労災で負った左手中指の欠損もそれを見せることで、労災、ケガで相談に来る外国人労働者を安心させる役割を果たしてくれています。

次の章では、ここまで見てきたような現場に矛盾を押し付けている背景に、どんな制度的な問題があるのかを考えていきます。

第三章　「外国人」労働者受け入れ政策の歴史

第二章では日本で外国人労働者が直面しているさまざまな人権侵害や奴隷労働のエピソードを見てきましたが、こうしたことが起こり続けているのは、日本政府が「移民を移民と認めない」という欺瞞に満ちた外国人労働者受け入れ政策を取っていることが根底にあります。

この章では、政府による外国人労働者受け入れ政策の歴史を振り返ってみたいと思います。解説が多くなりますが、お付き合いください。

なぜ矛盾に満ちた状態が続いているのか、見えてくると思います。

〈前史〉オールドカマーの時代（戦前～戦中）

すでに説明した通り「オールドカマー」の人たちというのは、日本が植民地として支配していた朝鮮半島や台湾、そして中国東北部に日本が建国させた満州などから、戦争を前後して無

図11　超過滞在者の数の推移

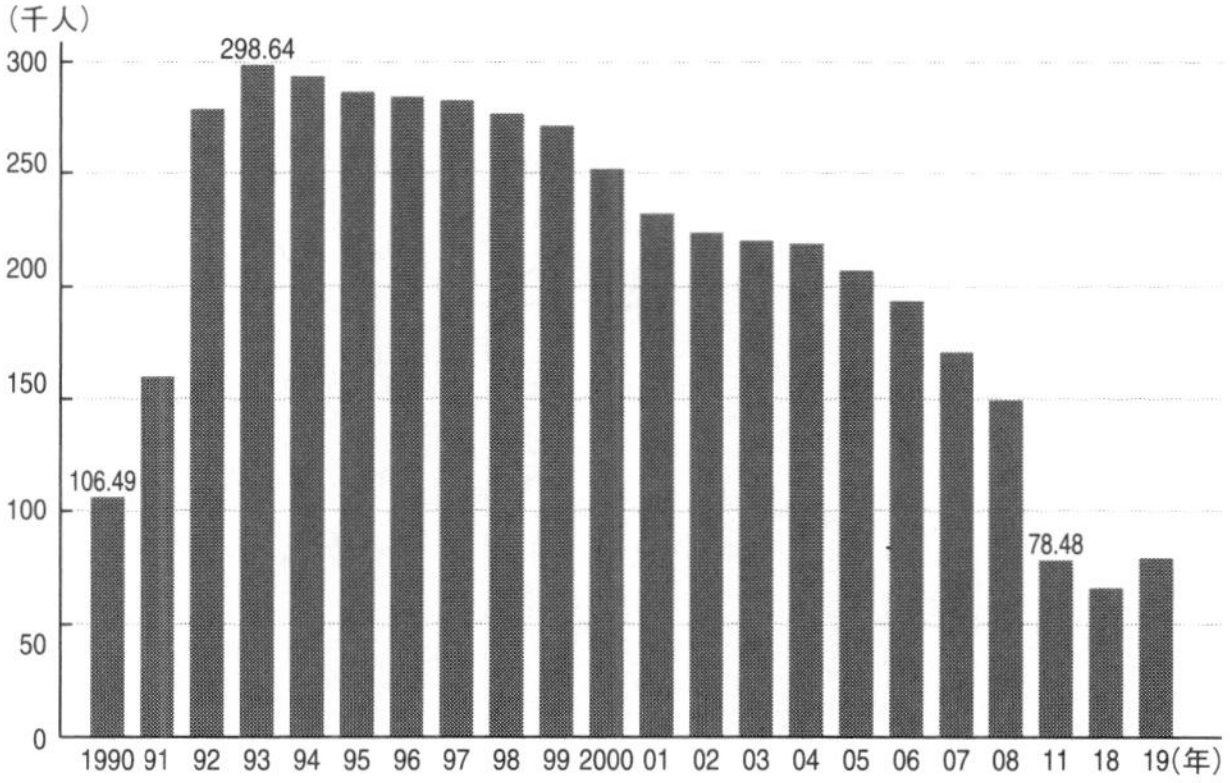

90年は7月1日、91〜96年は5月1日、他は1月1日現在の数字
法務省入国管理局『出入国管理』（2005年版）および出入国在留管理庁『出入国在留管理』（2019年版）をもとに作成

理矢理連れて来られたり、あるいは来ざるを得なかったりした人たちのことです。彼ら彼女らは、炭坑や製鉄所、軍需産業の工場などで、過酷な労働をさせられました。

この時代、外国人労働者は文字通り「使い捨て」でした。宿舎も食事も劣悪で、病気になっても休ませてもらえず、あまりのつらさに「休ませてください」と懇願すると殴られたり蹴られたりしながら無理矢理働かされ、そのせいで命を落とした人も大勢います。

「オーバーステイ容認」政策（一九八〇年代〜）

「ニューカマー」の人たちが日本にやって来たのが一九八〇年代以降です。当時はバブル経済で、政府は「オーバーステイ容認」政策を取りました。そう呼ぶ以外説明のつかない状態だったことは、ここまで見てきた通りです。

前ページのグラフでもわかるように九三年のピーク時にはオーバーステイの数が約二九万八〇〇〇人という統計値がありますが、実際は三〇万人を超えていたでしょう。そんな状態は「オーバーステイ容認」政策だと考えないと、到底説明がつきません。

日系ビザ導入（一九九〇年～）

その次に日本政府が取ったのは、日系ビザの導入です。三〇万人もオーバーステイ労働者がいたので、政府も「このままではマズい」と思ったのでしょう。八九年に入管法を改正し、九〇年から日系ビザを導入しました。しかしこれも、まったく行き当たりばったりの思いつき政策でした。

前出の法務省元官僚のAさんは「外国人（を入れる）というのも問題だから、日本人に帰ってきてもらおうと思ったんです」と、日系人向けのビザを作った理由を説明していました。「日本人と外国人」というふうに「血筋」で区分して、「日系人は外国人じゃないから大丈夫だろう」と思ったのでしょう。安易な発想ですが、Aさんはそのことも正直に吐露しています。

しかし、日系人も外国で生まれ育っていて、メンタリティーは、例えばブラジル育ちならブラジル人のメンタリティーを持っているのです。それで日系ビザを出して呼び寄せたけれども、「日本人だと思って来てもらったら外国人だった」ということになったのです。笑い話のように聞こえますが、多くの人が、同じように「日本人と外国人」という区別をして物事を考えているのではないでしょうか。そこが今、私たちの一番の弱点だと思います。

「たぶん日本語も話せるだろうし、精神的には日本人じゃないかな」と勝手に期待していたら違っていた。「しかも家族まで連れて来た。えらいことになった」というので、いろいろ議論した結果、その後、新たな方向に舵《かじ》を切りました。それが次の「技能実習制度」です。

技能実習制度創設（一九九三年〜）

一九九三年に、技能実習制度が開始されました。この制度のおかしいところは、法律を作らずに技能実習を始めたことです。元々「研修」という制度は「留学」の枝分かれとしての在留資格として存在したのですが、一九九〇年に「研修」という在留資格を、わざわざ技能実習制度を始めるために独立・新設しました。建前は「開発途上国における人材育成のための研修」であるとして、「修得しようとする技術・技能等が、同一の作業の反復（単純作業）のみによっ

インドネシア人研修生が指を切断したのと同型の機械

て修得できるものではないもの」に限定して、「研修」させるというウソで塗り固めて、実際は労働者として働かせたのです。

一九九三年から始まったこの技能実習制度では、来日後、一年間「研修生」として「研修」し、その後、技能検定試験を受けます。合格すると「技能実習生」となり、さらに一年間日本に滞在して「技能実習」ができるようになります（当初は研修一年、実習一年でしたが、九七年に、実習が二年になり合計三年間に延長）。

しかし、これは「技能実習」とは名ばかりの労働でした。そして多くの場合、第二章で見たような低賃金・劣悪環境の奴隷労働状態を生んだのです。

また、最初の一年間の研修期間中も「研修」という名目で労働させられるのですが、その間は労働法すら適用されず、ケガをしても労災が受けられませんでした。例えば、二〇〇〇年には新潟県三条市で、安全装置がないプレス機で指を切断したのに「研修中だからダメだ」と言われて労災が認められなかったインドネシア人研修生がいました。

一年間の研修後に受ける技能検定試験では、事前に答えを教えてくれるので、ほぼ一〇〇パーセントが合格していました。「技能実習をさせるための試験」に過ぎなかったからです。また、今では、「労働条件を改善してほしい」とか「安すぎる賃金を上げてほしい」などと権利を訴える者には答えを教えず不合格にして帰国させる理由づくりにしています。

入管法改正、技能実習制度拡大（二〇一〇年〜）

二〇〇九年の入管法改正、翌二〇一〇年からの制度変更で、外国人技能実習制度は拡大されました。それまで「研修」とされていた最初の一年間を「技能実習一号」とし、それまで「技能実習」と呼ばれていたものを「技能実習二号」という形にして、拡大策を取ったのです。滞在期間は合計で、最長三年です。業種・職種は最初、限られていたのですが、その後、あまり目立たないように次々と職種を増やしていきました。例えばクリーニング会社に「機械保全」

図12　技能実習制度の変遷

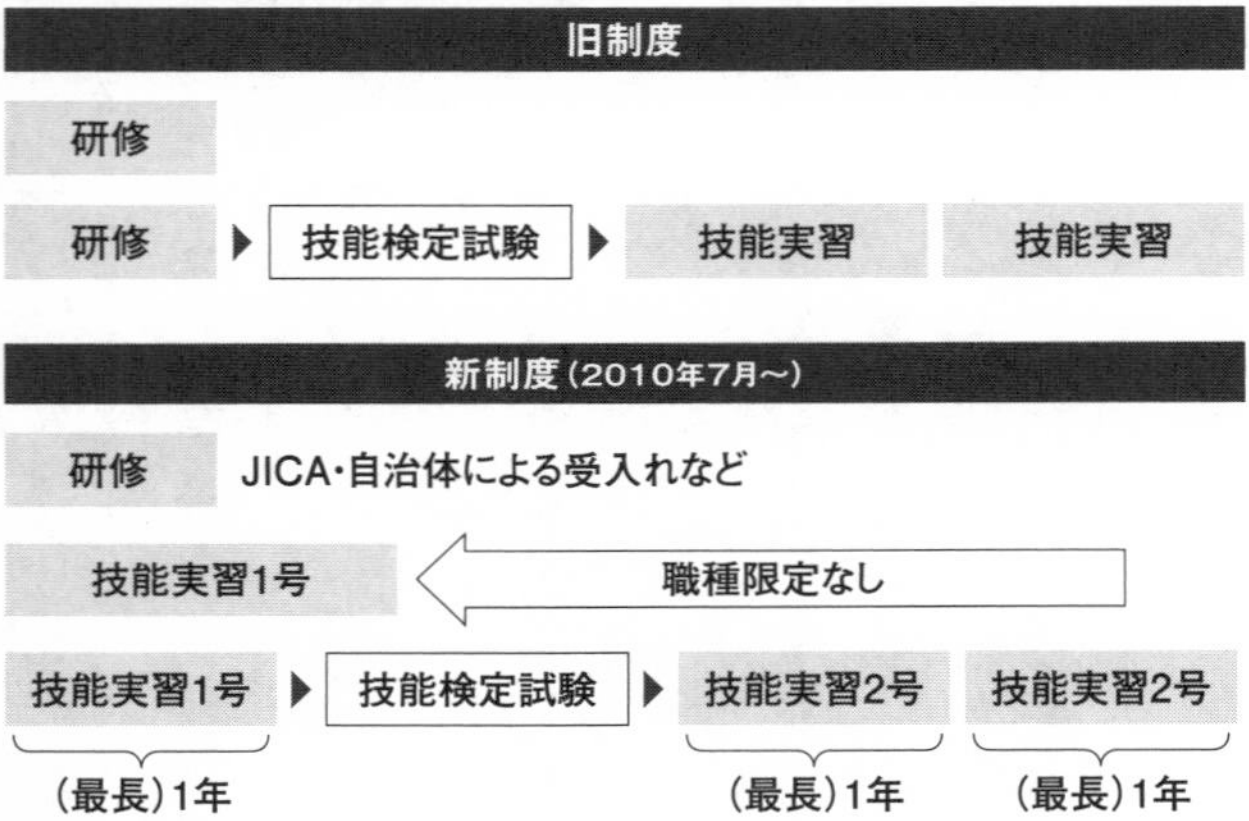

で入っているのです。でも実際にどんな機械保守やメンテナンスをやっているのかというと、クリーニングの仕事をやっているだけです。「機械保全」にそれほど大勢の人数が必要なはずもないのに、そういう名目で入国させて仕事をさせるのです。

これが「外国人技能実習制度拡大」の実態です。

「これならローテーション労働力としていけるだろう」「職場を変えたり、別の職種に移ることもできないから、ちゃんと縛りもきいている」と思ったのでしょう。

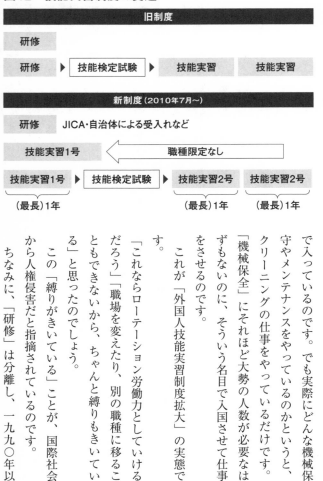

この「縛りがきいている」ことが、国際社会から人権侵害だと指摘されているのです。

ちなみに、「研修」は分離し、一九九〇年以前に「戻り」ました。その結果、研修での入国者、在留数ともに激減しました。

技能実習三号、最長五年滞在（二〇一七年〜）

このように外国人労働者の受け入れとして技能実習制度拡大に大きく舵を切ってから、オリンピック・パラリンピックの東京開催が決まったのですが、その東京五輪に向けた準備にしても、安倍政権は二〇一四年の「骨太の方針」で、「外国人材の活用は、移民政策ではない」と言い訳しながらも、「実習期間の延長等の拡充を図る」と明記しました。そして「技能実習一号・二号」に加えて、二〇一七年の一一月に「技能実習法」が施行され、「技能実習三号」ができて、滞在期間は最長五年間に延びました。

しかし、二〇一八年の「受け入れ拡大議論」（後述）が始まると、技能実習制度活用に対して異論がでました。

一九九〇年からの日系ビザの労働者＝日系労働者は、主に大手、大企業に入っていました。一方、零細企業にとっての「救い」は、九三年以降、技能実習生だったのです。そして二〇一〇年の拡大前後から、大手も日系労働者から技能実習生に入れ替えていきました。しかし大手が参入して、本格的に技能実習生の受け入れに舵を切っても、工場や建設現場などでの「人手不足」は解消していきませんでした。なぜなら、現場に「担い手」がいなくなってきたからです。ローテーション労働力というのは「麻薬」です。これが、企業の身体をむしばんできていたのです。その結果何が起きたかというと、担い手がいなくなったのです。

議論の中で、大手の外食産業の会長が、「技能実習がいいとおっしゃる人もいますが、実は現場には、技能実習生に技能を教える者がいなくなっているんです」と発言しました。期限付きのローテーション労働力だと、仕事を何年か経験してやっと覚えて熟練してきたころには、もう国に帰されてしまうのです。「外国人材の受入れに関する円卓会議」での発言ですが、それが実態です。

確かに産業によっては、季節労働として三カ月だけ必要だ、というようなものもあります。例えばレタスの収穫のような仕事ではそういう場合もあるかもしれません。でも仕事において「担い手をどう育てるか」ということを、技能実習制度によるローテーション労働が忘れさせてしまったのです。

それが典型的にあらわれているのは建設業で、今、惨状を呈しています。例えば現場監督が足りないのです。

だからこそ、国土交通省は東京五輪に向けて、技能実習三号を作る議論と並行して「外国人建設就労者受入事業」というのを提案したのです。現場にはすでに「政府がすすめるローテーション労働力じゃダメだ」という実感があったからでしょう。

外国人建設就労者受入事業（二〇一五年〜）

国土交通省は、二〇一五年に「外国人建設就労者受入事業」を始めました。「技能実習の修了者を対象に、国土交通省で認定要件を確認した上で、就労目的で二年又は三年間、活躍頂ける制度」と国交省もホームページで書いているように、技能実習経験者を、もう一度受け入れ可能にする制度です。

導入直後に国交省は受け入れ状況の調査活動を調査会社に依頼したのですが、調査会社はこの制度をよく知らないため、同行アドバイザーという形で移住連に委嘱がありました。そこで私は、調査会社の担当者と一緒に現場を回り、社長たちの話を聞きました。その結果、現場の状況がさらによくわかりました。

「鳥井さん、これなんとかならない？　ローテーションじゃなくて、なんとか続けて働けるようにできませんか？」と言ってくる社長が多いのです。せっかく技能・技術を覚えたのに、二年や三年で国に帰られてしまったら、熟練職人とか熟練労働者が育たない、というのです。

外国人建設就労者受入事業で来ているのは技能実習を三年間終えた労働者なので「この人たちはね、うちの精鋭ですよ。うちの誰よりも仕事できるよ。それなのに、運転免許一つ取らせることができないんだ」と社長が言うのです。「免許を取っても、すぐ帰されてしまうんじゃ意味がない。なんとかできないか」と私に相談してきました。そして「家族も一緒に来てもらっていいいんだ。むしろ、家族も一緒に来てもらった方が安定して働いてくれるから。なんとかならないの？」という社長たちの声をたくさん聞きました。

受け入れ拡大議論（二〇一八年〜）

そして二〇一八年の冒頭から、受け入れ拡大議論が活発化してきました。ある官僚から聞いた裏話では、菅《すが》官房長官のある支持者の介護施設の経営者から「技能実習じゃなくて、新しい労働者受け入れをしてほしい。介護は人手不足で困っている」という強い要望が出たとのことです。介護もやはり熟練と繰り返しが必要ですから、一つの施設で長く働いてくれる人が求められています。しかし介護士の受け入れも今、非常に複雑なことになっているのです。

ＥＰＡ（経済連携協定）に基づいて「人材交流」という名目で二〇〇八年からインドネシア人、フィリピン人、ベトナム人の看護師・介護福祉士候補者を受け入れました。そして二〇一七年には技能実習にも「介護」という職種を入れてみました。「介護」という在留資格も作ってみました。さらに、次の項で説明する「特定技能」の創設です。もう、わけがわかりません。いろいろなところから介護士として受け入れて、カテゴリーが交錯してしまっています。

そのため送り出し国側もどうしようかと悩んでいます。

現在、結論から言うと、介護の経営者たちは「技能実習が一番だ。やりやすい」ということを言っています。ただ単に、逃げないからです。でも実際に、そういうことを続けていると、介護の方もいっそう担い手不足になって行き詰まってしまうのは、他の業種の例を見ても間違いありません。そもそも介護で日本人の担い手が少ないのは、重労働である割に、賃金その他の労働条件が悪すぎるからなのです。

「特定技能」創設（二〇一九年四月〜）

前述したように二〇一八年の冒頭から受け入れ議論が沸騰してきたため、政府は「移民政策は取らない」と言いながらも、何度か触れている通り経済界からの強い要求で、同年一二月に改正「出入国管理法」を成立させ、新たな在留資格「特定技能」を設けました。二〇一九年四月から開始し、初年度に約四万七〇〇〇人、今後五年で合計約三四万五〇〇〇人を受け入れる見込みだと政府は発表しました。現場の経営者たちから「今のままでは立ち行かない」という声がたくさん出てきていたからです。

しかし安倍政権は、とにかく外国人を受け入れるのが嫌で嫌でしょうがないようです。政権支持層の中の排外主義者の存在を意識している面もあるでしょう。そのため政権の中核にいる人たちは、外国人労働者受け入れに断固反対で、「外国人労働者」という言葉を禁句にして、政府内は「外国人材」という言葉に統一させてきました。自民党政権だからではなく、第二次安倍政権になってからです。「外国人材」という言葉以外、いっさい使ってはダメだ、と。

それでも、ついに抵抗しきれなくなったのです。なぜなら、経済界から要求されたからです。経済界は自民党支持者のメインストリームですから、さすがに逆らえません。それで「外国人材の受け入れ」をやったものの、「とにかく、やればいいんでしょ」というような、場当たり的なやり方をしたわけです。そのため非常に稚拙な議論で作られたのが、この「特定技能」です。名前からして中途半端です。

「技能実習が二年終わったら特定技能に移行できる」というもので、「特定技能一号」は最長五年の滞在が可能、「特定技能二号」は滞在期限がありません。「特定技能二号」のみ家族を連れて来ることが可能です。

しかし政府は初年度四万七〇〇〇人の受け入れを見込んでいたのに、実際にこの資格を取得したのは、二〇一九年一二月三一日の時点でわずか一六二一人に過ぎませんでした。一方、技能実習生の方は約四〇万人という多さです。「特定技能」のうち、九三・八パーセントが技能実習からの移行です。新たな入国はわずかです。

この「特定技能」設立に厚労省はほとんど関与できませんでした。労働のことなのに厚労省を外し、法務省の指導の下に作ってしまった制度なのです。その点からも、実にいい加減で稚拙な制度だと言えます。

二〇一九年四月、原発の廃炉作業にこの「特定技能」で受け入れ可能ということで、東京電力ホールディングスが受け入れを決めました。法務省入管庁がゴーサインを出したのです。

しかし五月に、厚労省がこれに待ったをかけました。「受け入れて、仕事させるだけではマズいですよ。仕事した後のことがありますから」と。つまり、放射線曝露《ばくろ》した後の、フォローをどうするのかが全然考えられていないではないか、ということです。また、ベトナムに限って言えば、海外で就労するベトナム人労働者が露出した放射線源に接触する仕事につくことは法律で禁止されています。だから「できませんよ」と厚労省が止めたのです。

このように、特定技能に関しては、厚労省と法務省の間で、かけひき・争いが見られます。

正面からの議論で厚労省に一日の長があったのは、厚労省の前身である労働省の時代から、外国人労働者に対する健康管理など、労働基準について長年考えて対処してこなくてはならなかったからです。私たちも彼らとさんざん交渉し、やり合ってきました。母国に帰ってからも労災が受けられるように書類を作ったりというようなことも、ずっとやりとりした結果、そういう事例を作ってきています。粉塵《ふんじん》曝露による「じん肺」という病気がありますが、じん肺も一〇年〜三〇年後に発症します。それをどうするのかも、私たちは労働省と交渉してきました。そういうこともあって、厚労省には外国人労働問題に関する一日の長があるのです。

特定技能制度の可能性

このように、いい加減な議論で作られた特定技能制度ですが、一つだけ希望があるかもしれない。そう思えるのは、急場しのぎで作ったものだからこそ、今後、発展形ができる可能性がある、ということです。

技能実習制度については、「一分一秒でも早く廃止するべき」と私たちはずっと言ってきました。「技能実習」という看板がまったく実情にそぐわず、さまざまな悪弊を生む元になっているからです。「特定技能」というのは、おかしな名称ではありますが、少なくとも「実習」

ではなく「労働者として受け入れる」ということは明言しています。これは発展形を作れるだろうと思えます。ただそれには、これから私たちがしっかり注視して、問題には声を上げていく必要があります。

ここまで大まかに外国人労働者受け入れ政策の歴史を見てきましたが、それらの隙間を埋めるものがあります。それを次に見てみましょう。

「留学」と「家族滞在」が外国人労働者の四分の一近く

外国人を「使い捨て労働力」とする手法は、外国人技能実習制度の隙間を、留学生、家族滞在、そして難民申請者で補完している、という実態にもあらわれています。

「はじめに」でも書いたように、厚労省が発表した「外国人雇用状況」のデータでは、二〇一九年に事業主から届け出があった外国人労働者数は約一六六万人です。

しかしそのうち労働者として正式に入国しているのは二〇パーセントしかいません。

このデータの「資格外活動」というのは「留学」と「家族滞在」などですが、これが二三パーセント、外国人労働者全体の四分の一近くを占めます。「家族滞在」というのは、ビザを持つ人の家族として来ていて、基本的には働けないのですが、許可を取れば留学生と同じく週二八時

図13　外国人労働者雇用状況

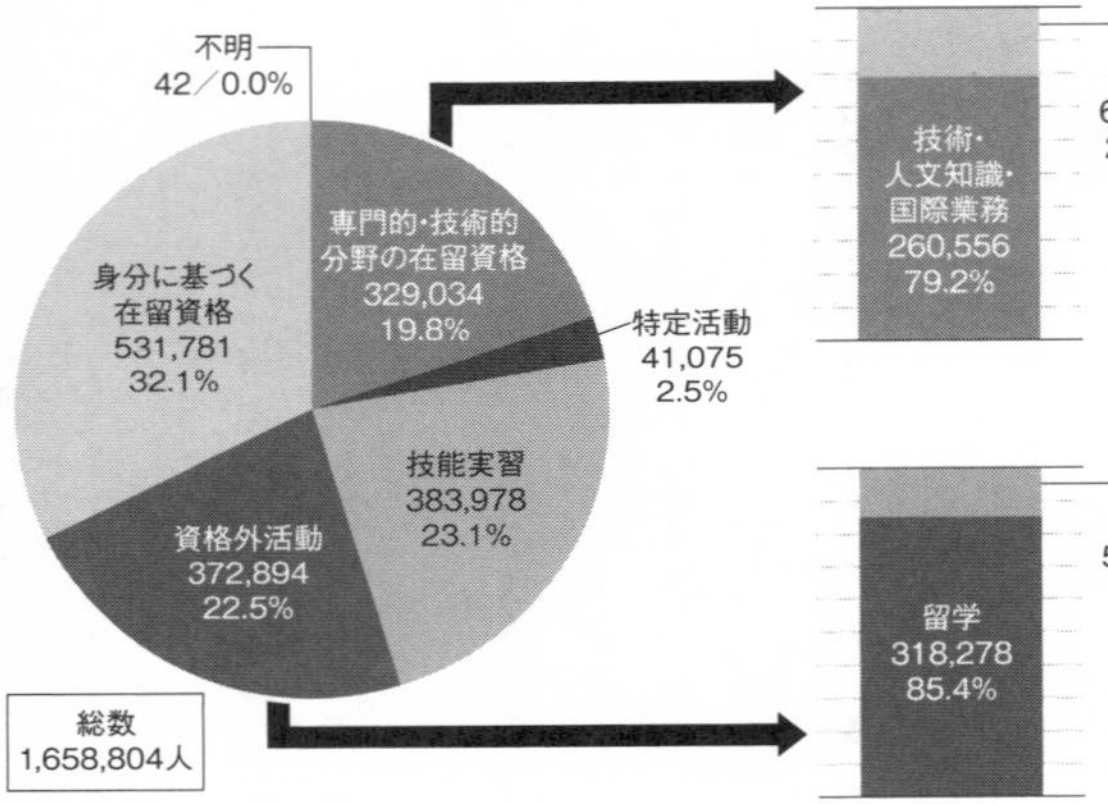

厚生労働省「外国人雇用状況」(2019年10月)をもとに作成

間まで働けるのです。「技術・人文知識・国際業務」や「技能」などの専門的職業、例えばコックさんの家族などです。カレー・レストランのコックさんは専門的職業ということで、家族を連れて来ていいのですが、その家族が総菜屋や弁当屋などで働いています。

留学生も週二八時間までは働けます。労働者全体から見ると、二〇パーセントが留学生になります。

また、技能実習生と留学生で労働者の四割を超えています。それを厚労省が堂々と労働者の分布として公開しているのです。これは、非常にいびつだし、異常なことです。そう言わない私たちの社会もおかしいです。

宿泊業や、飲食業、小売業というのは、技

図14　留学生の産業別労働者数の割合

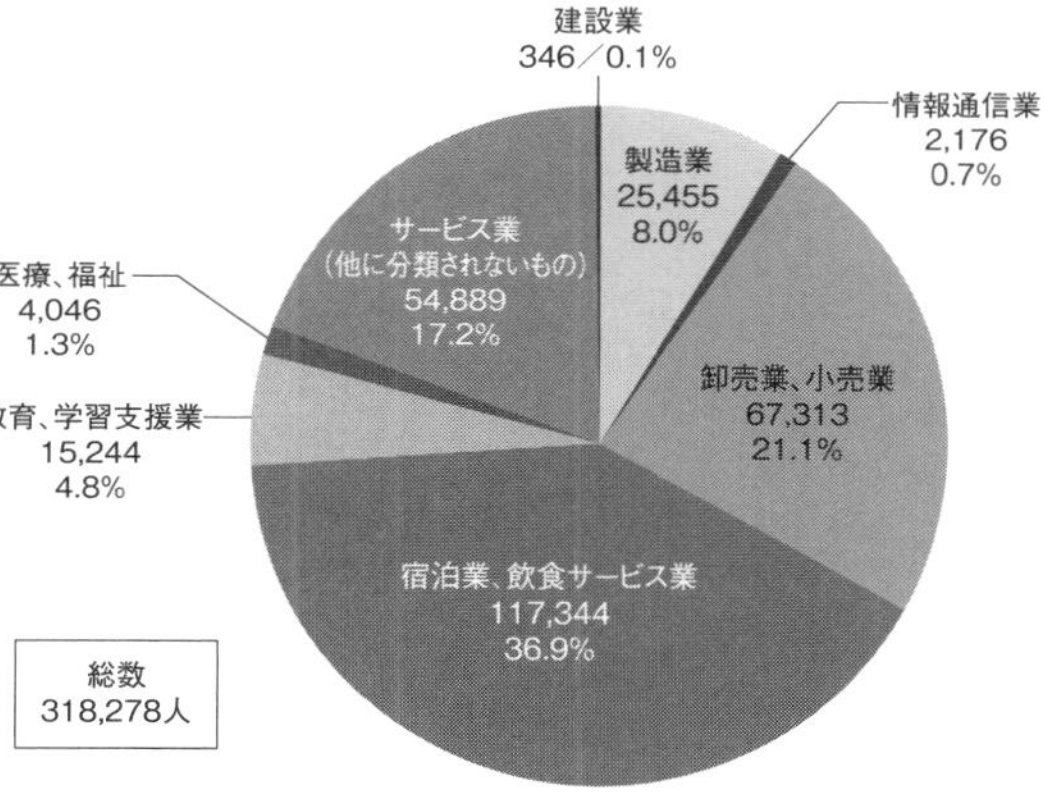

厚生労働省「外国人雇用状況」（2019年10月）をもとに作成

能実習は許されていないのですが（宿泊業は二〇二〇年二月に追加）、そこを留学生が埋めているのです。小売業にはコンビニエンスストアも入ります。最近は、とくに都市部のコンビニエンスストアに留学生が非常に増えています。このように、技能実習が認められないところは、留学生でカバーしているのです。

しかし、二〇一九年から「特定技能」が入ったので、留学生は減ることが予想されます。留学生として来なくても、特定技能で働けるからです。また、すでに留学生に対する締めつけも始まっています。

この「特定技能」で外国人労働者が入ってきているのは、外食産業です。モスバーガーも二〇一九年一〇月に、ベトナムの短期大学と提携して、同大学で一年間日本語などの研修を受けた人に「特定技能」資格を取得してもらい、今後四年間で三五〇人採用したいと発表しています（「日本経済新聞」二〇一九年一〇月一五日）。

試算してみましたが、二〇一八年の一〇月の時点では、留学生のうち約八八パーセントが働いています。こんな国は世界中どこを探してもありません。留学生は本来、勉強しに来るものですから。

お隣の韓国の留学生は、直近でも二・二パーセントしか働いていません。ドイツではほとんどゼロでしょう。ドイツは、留学生に対して国として援助しますが、留学生が仕事をすることに関しては非常に厳しく、日本のようには働けません。アメリカも、留学生はほとんど就労できません。それなのに日本の場合は、「働くために留学に来る」というのが一般的になっているのです。

例えば、ある大手コンビニエンスストアは、ベトナムに事前研修所を置いていると自慢していますが、事前研修所で何をやっているかというと、ＰＯＳシステムのレジ打ちの練習をさせているのです。本末転倒です。

「開発途上国への技術移転」は本当か？

技能実習の建前は「開発途上国への技術移転」ですが、これは日本で研修・実習をして育てた人を「母国に帰って、日本の実習で身に付けた技術を使って働いてください」ということです。これがウソ、偽装であることを示す、非常にわかりやすい数字があります。厚労省のアンケート調査として発表されていますが、アンケート実施者はＪＩＴＣＯです。「帰国技能実習生フォローアップ調査」というもので、「技能実習生が実習後帰国してから、実習でやった仕事を生かして働いている人が何パーセントいるのか」ということを調べています。これによって「外国人建設就労者受入事業」の議論の際に、国土交通省はミスリードされてしまったのです。

前述の「外国人建設就労者受入事業」は二〇一四年四月に閣僚会議でとりまとめられ、翌二〇一五年四月に受け入れを開始しましたが、閣僚会議前に発表された数字では、帰国後に「従事する（予定の）仕事の内容」が「実習と同じ仕事」と答えたのが四八・二パーセントとなっていました。

しかし私は「この数字はおかしいな」と思いました。そこで詳しく調べていきましたが、なかなか数字が見えてきません。それで議員会館で国会議員が担当者を呼んで意見交換をした際に「ところで回答者はどのくらいの比率だったんですか」と尋ねたのです。すると「一七パーセントです」と答えました。

つまり全アンケート対象者のうち、帰国後に「従事する（予定の）仕事の内容」が「実習と同じ仕事」と答えたのは、「実習生全体の中で回答した一七パーセントの内の四八・二パーセント」ということですから、実習生全体から見れば八パーセント程度なのです。

この見せかけのアンケート結果にミスリードされた国交省が「技能実習の経験者をまた呼ぼう」ということで、建設就労者受入事業を始めたら、全然来なかったのです。多くの元実習生は連絡さえ付きませんでした。

技能実習を本来の目的通り行っていたならば、連絡ぐらいは付くはずです。しかしJITCOですら、技能実習帰国者からアンケートさえロクに回収することができず、彼ら彼女らと連絡が付かない状態なのです。これを見てもはっきりしています。今この「開発途上国への技術移転」という目的にかなった技能実習をやっている事業主は、限りなくゼロに近いということです。

コラム　国境と人間――ロヒンギャ難民キャンプで考えたこと

二〇一八年一月に私はミャンマーを追われたイスラム教徒の少数民族ロヒンギャの難民キャンプに行ってきました。河野《こうの》太郎外務大臣（当時）が行く少し前です。

難民たちがいるところはコックスバザールというところからミャンマーの国境地域に入っていくあたりでした。コックスバザールは日本ではほとんど知られていませんが、「世界最長の天然の砂浜を持つ」といわれるリゾート地で、高級リゾートホテルもたくさんあり欧米から観光客が訪れる場所なのです。

私たちの組合員であるバングラデシュ人労働者が、バングラデシュにいたころにＮＰＯ活動をやっていたのですが、そのＮＰＯがロヒンギャ難民キャンプ内で拠点を作って難民支援をしていました。そのため彼が全部段取りをしてくれました。そして小田原の篤志家の方がロヒンギャの難民たちに寄付をしたいということで、私と一緒に行くことになりました。

行ってみて驚きました。難民キャンプでテントが並んでいるのは中東でも見ていたのですが、丘というか低い山がうねうね続いていて、一山、二山向こうの先まで、ずっとテントが並んでいるのです。

そこへ行くまでの間に、いろいろなＮＧＯや国際支援団体の拠点があり、そこを通り抜けていきました。

難民たちは本当に着の身着のままで来たという感じでした。

しかし、それでも、その「生きる力」というのを、すごく感じました。そしてそんな状況でも、子どもたちはサッカーをしたりして、元気に遊びまわっていました。そのときに「サッカーというのはいいいな」と思いました。野球みたいにバットやグローブなど他の道具がなくても、ボール一つと広場があればみんなで遊べますから。

でも、難民にとって一番重要なのは水と食べ物です。

バングラデシュというのは幸いなことに気候が温暖で、食べ物はけっこうありました。木には果物がなっているし、イスラム教の教えによる、施しの精神があって、難民たちは助けられていました。しかし子どものミルクや生活用品などは足りていませんでした。

そういう難民キャンプを見ていて、「地球の中を移動する人たちがいる、多くの人が国境を越えてまで移動していることに対して、先進国と呼ばれる国にも責任があるのではないか」と思いました。

さまざまな歴史や政治的関係があるにしても、今いる難民に対して、地球的な視点、人権の視点から何をなすべきか考えていくことが、私たちに求められています。

一緒に行った小田原の篤志家の方は「この人たちに小田原で農業をやってもらえないのか」と言っていました。その人は小田原のスーパーマーケット・チェーンの会長で「九転十起の会」というのをやっています。「七転び八起き」でなく「九つ転んで一〇回起きる」ということでそういう会名にしたそうですが、自分のスーパーの経営よりも地域の振興ということを考えている人です。八百屋からスタートしたスーパーマーケット・チェーンなので野菜農家の人たちと親しいそうですが、小田原周辺でも次から次に離農が進み、農地が荒れていくというのです。

だから「この人たちに来てもらって農業をやってもらうのが一番いいんじゃないか。どうして受け入れることができないんだろうね、鳥井さん」と尋ねられました。

「難民の受け入れは、ほとんどないんですよ、日本は」と私は答えたのですが、合理的に考えれば、できるだけ国境を越えるハードルを下げて、人が移動できて、その地域の必要に対して「求められて行く」というのが一番いいだろうと、しみじみ思いました。その難民の人たちだって農地があれば、自分たちで働きたいと思うでしょうし。

でも国境が邪魔をしているのです。しかもこの国境というのは人類史から見れば、それほど古くからあるものではないのです。誰かが線を引いて「ここが国境だ」とか、「ここは俺の土地だ」と言ったことから始まっているのですから。例えば中東やアフリカを見ると、本当に真っすぐ国境線が引いてあったりしますが、それはヨーロッパの列強が線を引いたせいです。先日アイヌの方に会って、いろいろ詳しくお話を聞きましたが、北海道も、江戸時代や明治時代にアイヌから土地を取り上げたのです。

私たちが次の社会について「人の移動とともに人権や労働基準も守られていく必要がある」べきだと考えると、国境を越える際のハードルを高くすればするほど、いわゆるコストがかかり、ブローカーが入り込む余地が出てきてしまうのです。そして人権や労働基準が壊されていくのです。これについては、第四章で詳述します。

第四章　これからの移民社会

前章では「外国人」受け入れ政策の歴史と制度の変遷を概観しましたが、この章では、これからますます移民社会になっていく日本について考えていきたいと思います。私たちは、どんな社会を目指していけばいいのでしょうか？　そして、どんなことに目配りして、気をつけていけばいいのでしょうか？

そもそも「移民」とは何か

プロローグで、国連が定義する「移民」について書きました。私は講演などで、最初に「日本における外国人とは」という話をします。その際に使う「外国人」という言葉は、いったい誰のことを指しているのでしょうか。私はいつも「日本における外国人」という言葉の下に、Migrants in Japan と書いています。そして、「実は私もごまかしています」という話をするのです。

「外国人」は直訳するとforeignerですが、英語圏の人にforeignerと言った場合、「日本にいる外国人」のことをイメージしてもらえません。日本に生活し働いている、その人たちを「外国人」と呼んだら「えっ?」と驚かれるのです。

一九九四年にロサンゼルスで大きな地震がありましたが、そのときのことと阪神・淡路大震災のときとの比較をしていた際に、私たちが「外国人に対する防災案内や緊急のお知らせをどうしたらいいのか」というような議論をすると、こう言われました。

「ロサンゼルスで地震があったときに、この中に外国人(foreigner)はいますか、と尋ねても、誰も手を上げませんよ。観光や出張で外国から来ている人たちのことを指すならわかりますけどね」と。

でも日本では、日本に住んでいる人であっても「外国人」と呼んでいます。以前は「外人《ガイジン》」と呼んでいました。その言葉に、内在的に「排除の思想」というか、日本人と外国人を分離する考え方があるのです。「別のものだ」という考え方が。

これは戦前からの差別思想の影響もありますし、戦争に負けてからは、中国籍、朝鮮籍の人を「第三国人」と呼んだこととも関係しています。米英などのいわゆる戦勝国でもなく敗戦国でもなく、第三国の人間だ、ということで「三国人」という呼び方をしたところから、現代までずっとつながっていて、「外国人は管理・監視の対象」という意識でやって来たことが、「外国人」という言葉に内在的にあらわれているのです。

では私たちは、この日本社会に今一緒に住んでいる人たちを何と呼べばいいのでしょう?

これは、彼ら彼女らの権利を守ろうという運動をする側でも、ずっと議論になっています。それで「移住者」と呼んだり、「移住労働者」という言い方をするのですが、「移住者」という言葉は「東京から沖縄の離島に移住する」というように国内で移り住むことのキャンペーンに使われる場合もあるので、まぎらわしいのです。

また、「移民」という言葉も、元々、日本から海外に出て移住する人たちのことを指していました。「日本移民学会」というのがありますが、これは日本から移民した日系の人たちの調査、研究を目的にスタートしています。逆に、ニューカマーの人たちの登場によって「移民政策学会」というのができましたが、こちらは主に日本にやって来た移民のことを指しています。

というわけで、この「移民」という言葉も、必ずしも正確ではありません。そしてまた、「移民」と呼んだ場合も、やはり「移民と日本人」という区別の仕方をするかもしれない、という問題もあります。

さらには、社会における今の課題を考える際に「移民」と呼ぶ場合、実は国籍だけの問題でもないのです。「すでにもう日本国籍を取っている移民」もいるからです。この人たちに対しても、やはり差別があります。

「外国籍住民」だとか「外国籍の子どもたち」という言い方をすると、それによって排除されてしまう。移民であるがゆえに差別されるということもありますが、例えば日系人の子どもたちの場合、日本国籍を取っていても、やはりいじめられるということがあります。例えばアフリカ系の日本国籍の子どもたちの場合も、肌の色で差別されたりするという問題があるのです。「そもそも移民とは何か」と言うときに、「カテゴライズすること自体が、差別や排除を生み出す危険性もある」ということを意識することが必要です。

いろいろな課題を検討したり論じたりするために、一つの領域、カテゴリーを分類するということは必要なのですが、差別や排除を生み出す「元」にならないように気をつけながらやる、ということが大切です。

移民の歴史的価値を再認識すべき

移民の歴史的価値について考える際には、プロローグにも書いたように、「出稼ぎ労働の価値」ということを考えるとわかりやすいでしょう。東京や大阪、名古屋などの大都市も、地方から出稼ぎに来た労働者たちが作り上げてきたのです。出稼ぎで来た人たちのうち、故郷に帰る人もいれば、そこで恋愛をして結婚して家族を作ったり、友達ができたり、近所の人たちとつながりができて、「まあ、ここの暮らしもいいじゃないか」ということで住んでいる人もいるわけです。

あるいは、技能実習制度のうたい文句の「開発途上国への技術移転」などという美辞麗句の看板を掲げるまでもなく、出稼ぎに来たことで得たことを自分たちの出身地に帰って、実質的にその技術やノウハウを生かすということが起きています。例えば料理の味もそうです。日本に住んで働いてから、韓国へ帰って牛丼屋をやった人もいるのです。バブルの時代、一番多かったオーバーステイ労働者は、実は韓国の人でした。彼ら彼女らの中には、日本の牛丼の味が気に入って韓国で店を開いたという人もいるのです。そのような形で、いろんなものが出稼ぎによって広がり、伝わり、あるいは洗練されていく、ということが起きているのです。そこに歴史的な価値があると思います。

でもこういうことは、中学や高校で当たり前に勉強していることです。例えば「羅針盤はどうやってできたのか」とか、「火薬はどうやってできたのか」とか、それがどうやって世界に広まったのか、ということを授業で習ったと思います。そういう歴史的事実を見たときに、人が移動したり、出稼ぎに行ったり、移民したりすることの価値というのもわかるはずです。マルコ・ポーロのアジアへの旅とか、シルクロードを移動した隊商らによって、遠くヨーロッパからアジアまで、さまざまな物や文化が行き交い、そこから新しいものが生まれてくることにもなったのです。

アメリカのトランプ大統領らが移民のことを悪く言うのも、考えてみればおかしな話です。トランプ大統領自身の祖父はドイツ生まれの移民ですし、母もスコットランド生まれでアメリカに移民した人ですから。

埼玉県や静岡県などに高麗《こま》神社という神社があります。あれは間違いなく朝鮮半島から渡ってきた人などに由来のある神社です。プロローグに書いたように、歴史の授業で習う「渡来人」が朝鮮半島や中国から日本にいろいろなものを伝えています。漢字、稲作、仏教も大陸から伝わったものです。今の日本社会の中にあるさまざまなものを見ても、人の移動がなかったら今ここにないものが、たくさんあるわけです。私たちはこういう事実を、素直に認める必要があると思います。

最近の日本では、経済活動でもニューカマーの人たちが活躍していますが、ずっと昔から、たくさんのオールドカマーたちが活躍してきたのです。

私自身、「東京に来て良かったな」と思っていることがあります。私は大阪出身で、二五歳のときに上京しました。はじめは、大阪弁を人前で使えませんでした。下町の工場で働いていましたが、当時は大阪弁を使うと、「ヤクザ」「暴力団」というふうにイメージされることも心配したからです。たまに大阪弁が出たときに、「ここはお江戸だよ！」と言われたこともありました。大阪弁がポジティブなイメージで受け取られるようになったのは、明石家さんまさんがテレビで人気者になってからです。それ以降やっと人前で大阪弁を使えるようになりました。東京と大阪の間ですら、そういう偏見があったわけです。

ただ、私は東京へ来て大阪を、より客観的に見ることができるようになりました。大阪にいたころは「東京なんて」と思っていましたが、東京に来て暮らしてみると、東京の良さを発見することもできました。東京に関しても、ずっと東京にだけ住んでいる人とは違った視点で見ることができていると思います。

だから、「人が移動するということには、それなりの価値や意味がある」というのを、私自身が身をもって実感しています。

「人材開国！　日本型移民国家」と言った自民党

二〇〇八年六月に自民党の国家戦略本部日本型移民国家への道プロジェクトチームは「人材開国！　日本型移民国家への道　世界の若者が移住したいと憧れる国の構築に向けて」という報告書を公表しました。そういう政策提言がされるようになったのも、実はニューカマーの人たちの活躍が一九八〇年代後半から議論をどんどん押し上げていった、という経緯があるのです。

受け入れ論議の当初から積極的だったのは、経団連です。そして省庁では、経済産業省でした。「何が必要なのか」ということを、経営者に近い存在の人たちこそが敏感に感じ取っていたのでしょう。

ニューカマーのうねりに対する、初期の公的な本格的文書を私は、「四つの報告と提言」と呼んでいます。経済産業省、厚労省と経団連、外務省が出しました。

まず、経済産業省が二〇〇一年六月七日、最初に「少子・高齢社会の海外人材リソース導入に関する調査研究報告書（社会経済生産性本部）」というのを出しました。この中で、かなり明確に「ポイント制」というものについて、言っています。「ポイント制によって海外人材リソースを導入する」と。ポイントというのは、例えば「日本語がどの程度できるか」などを見て、受け入れるべき基準を作ろう、ということでした。翌二〇〇二年七月五日に厚労省が「外国人雇用問題研究会報告書」というのを出します。

続けて、経団連が二〇〇四年四月一四日に「外国人受け入れ問題に関する提言」として「多様性のダイナミズム」を掲げ、「外国人受け入れの三原則」を打ち出します。

そして二〇〇四年一〇月五日に外務省が、海外交流審議会答申として「変化する世界における領事改革と外国人問題への新たな取組み」を出しました。あまり知られていないことですが、当時、日本にいる外国人を担当する省庁は外務省でした。「法務省だろう」と思っている人が多いですが、実は外務省の外国人課が担当で、私は外国人課ともやりとりをしていました。

外務省はこの文書の中で「省庁横断的な対策をとる必要がある」と言っています。「ウチだけじゃ、やれませんよ」と言いたかったのだと思います。そもそも外国人課にそれだけの人員もいませんでしたから。

このあたりから、外国人労働者問題の「省庁連絡会議」というのもできてきます。

人口減少社会に気づいて受け入れ論議が沸騰

二〇〇五年一二月から受け入れ論議が沸騰します。「どうも労働者が少ないな。人手が少ないんじゃないか?」ということで分析したところ、「人口減少社会になっている。これは大変なことだ!」とあわてたのでしょう。このときに沸き上がった受け入れ論議は「経済の復興」とか「経済の勃興」を目指したわけではなく、人口減少社会になっていることに、はっきりと気づいたことから始まっているのです。

それまでは人口減少社会になるとわかっていても、注意を払っていなかったのでしょう。でも本来なら二〇年~三〇年前に気づいて論議を始めてしかるべきだったのです。出生数の減少傾向を見ていればわかりますから。

でも、明らかに人口減少することはわかっていたのに歴代政府はこの問題をずっと先延ばしにして、言わなかったのです。バブルで調子に乗って「日本経済、どんどんいけいけだ」と思っていたのです。しかし二〇〇五年末になってやっと「どうもおかしいな」ということで、受け入れ論議が沸騰したのです。

『人口減少社会の外国人問題』を国会議員に配布

この論議が頂点に達するのが二〇〇八年です。一月に国立国会図書館から『人口減少社会の外国人問題』という冊子が出され、国会議員に配られました。私たちも「これで、いよいよ来たな」と感じました。

国会議員に配られた『人口減少社会の外国人問題』

私たちは一九九三年から毎年、省庁との交渉で「この問題は省庁横断的にやらないとできませんよ。今、大変なことになってているんですから」とずっと言ってきていたのです。何度も繰り返し言ってきたのに省庁の側には、なかなか変化が見られませんでした。

「四つの報告と提言」でようやく少し動きが出てきたものの、なかなか大きくは変わらず、この二〇〇八年の『人口減少社会の外国人問題』が国会議員に配られたことで、本腰を入れざるを得なくなったな、と思いました。

　そして前述したように当時の自民党政権（福田康夫内閣）下で、自民党の国家戦略本部がこの年の六月に「人材開国！　日本型移民国家への道」というのを出したのです。自民党が「移民」とはっきり言ったわけです。

　しかも、同じ自民党の国家戦略本部の外国人労働者問題PTが同年七月に「『外国人労働者短期就労制度』の創設の提言」というのを出しました。つまり「労働者の受け入れ制度を作ろう」ということです。技能実習生の枠組みを利用しようという考え方は示しながらも、「目的は違う」と、「開発途上国の技術移転、国際貢献ではなく、我が国の労働者の受け入れなんだ」ということを言ったのです。

　正直な話、私は「技能実習生の枠組みを使うのは、けしからん」と思いましたが、曲がりなりにも「労働者の受け入れ制度だ」と言ったことに関して、積極的に評価していました。「来たな。よし、これならまともに議論できる」と。もう技能実習生じゃなく、労働者の受け入れ、ですから。

「技能実習制度では残業時給が三〇〇円しか払われていない。奴隷労働だ」というキャンペーンを私たちが始めたのが二〇〇五年です。そして第一章にも書いたように、二〇〇七年にアメリカ国務省の『人身売買年次報告書』が発表されました。そこで「技能実習制度はおかしい」と指摘されたのです。自民党が「『外国人労働者短期就労制度』の創設の提言」を発表する前年です。それで自民党内部でも「やはりこの制度はダメじゃないか」という動きが出てきたのでしょう。この自民党PTの事務局長は河野太郎さんで、河野太郎さんは一貫して技能実習制度に反対の立場を取ってきています。

リーマンショックで頓挫

私たちは「これでようやく変わる」と思っていたのですが、非常に残念なことに、受け入れ論議が頓挫してしまいました。リーマンショックが起こり、それに続いて自民党から民主党に政権交代したことで、白紙に戻ってしまったのです。ただこれは、「民主党が悪い」ということではなく、民主党の中では、受け入れ論議が醸成されていなかったためです。

民主党政権は、情報公開問題などは積極的に動きましたし、定住外国人の生活課題や教育の問題などに関しては内閣府で積極的に議論（「日系定住外国人施策に関する基本指針」二〇一〇年八月三一日、「日系定住外国人施策に関する行動計画」二〇一一年三月三一日）をしたりしましたが、労働者の受け入れということは、やりませんでした。むしろ民主党政権は技能実習制度の拡大という方針でした。

ただ、民主党政権下で進んだこともあります。「在留特別許可」のガイドラインの、運用の透明性が進んだのもその一つです。しかしガイドラインをもう一歩進めようというときに東日本大震災が起き、政権も頓挫し、現在の入管の収容所問題に続いてしまっているのです。

非正規移民のアムネスティ（正規化）をしていないのは、先進国では日本ぐらいです。しかしこれも、もう少し民主党政権が続いていれば、アムネスティができていただろうと思います。これを長年しないでいることが、ずっと尾を引いています。それが次に書く、「欺瞞の入管法改正」にもつながってきているのです。

欺瞞の入管法改正

まず二〇〇九年に入管法（出入国管理及び難民認定法）が改正されました。この改正で外国人登録制度が廃止されて住民票ができたということは良かったかもしれませんが、その範囲内での「改正」でしかありませんでした。

技能実習については、この改正である意味、在留資格として確定させて、それを入口にして本格的に外国人労働者の受け入れをする、という方向に舵を切ったと言えます。そこが一番の問題点であり、技能実習制度そのものをやめるべきだったと思います。

前述のようにアメリカ国務省や、国連の自由権規約委員会からの勧告を受けたことが改正につながったのですが、ごまかしに終わってしまいました。二〇一一年三月に東日本大震災と福島第一原発事故があって、民主党政権が対応に追われる中で、本格的な外国人労働者受け入れの議論がなかなか進まなかった事情があるとはいえ、技能実習制度を入口にして受け入れるという形になってしまいました。

禁句になった「外国人労働者」

二〇一二年に自民党の安倍政権に変わり、さらにとんでもないことになりました。第三章でも触れましたが「外国人労働者」という言葉を禁句にし、「外国人材」という言葉に置き換えたのです。これが安倍政権の外国人政策を象徴的に表しています。これに関しては、官僚たちも戸惑っていました。私たちと議論しているときにも、「外国人ろ……」と言いかけて、「あっ、外国人材」と言い直すという、本当に笑い話のような状態でした。

安倍首相は「技能実習だと三年の期限があるから、移民ではない」というような言い訳を自分自身にして、納得しているのでしょうか？　また、右翼的・排外的な支持層を考慮していることも窺えます。

国連からの勧告

「外国人労働者」を「外国人材」と言い換え、その受け入れ方は「技能実習制度でやる」、つまり「ローテーション労働力」「使い捨て」という形での受け入れが本格化しました。

それまでも国連のさまざまな勧告がありました。例えば第一章にも書いたように「移住者の人権に関する国連の特別報告者」であるホルヘ・ブスタマンテさんは二〇一〇年に、ただちにこの制度を停止して、雇用制度に置き換えるべきだ、と明確に勧告しています。

「研修・技能実習制度は、往々にして研修生・技能実習生の心身の健康、身体的尊厳、表現・移動の自由などの権利侵害となるような条件の下、搾取的で安価な労働力を供給し、奴隷的状態にまで発展している場合さえある。このような制度を廃止し、雇用制度に変更すべきである」（国連広報センターのプレスリリース10-019J より）

ブスタマンテさんは同年三月に来日し、実際に現場を見に来て、技能実習生たちにも会っています。その上で、技能実習制度を停止して雇用制度に置き換えるべきだ、と明確に勧告したのです。

また、こちらも第一章に書いたように、「人身取引に関する国連の特別報告者」のジョイ・ンゴジ・エゼイロさんも二〇〇九年に来日して現場を訪れ、翌二〇一〇年の国連人権理事会で、技能実習制度について次のように報告しています。

「多くの研修生は本国を出る前に〝保証金〟として多額のお金を支払い、それは研修や実習の期間が終了しなければ払い戻されない。彼女たちはまた、しばしば追加の保証金として自宅を抵当に出すよう求められる。こうして彼女たちは追い込まれ、過酷な条件のもと生活をしながら働きつづけ、奴隷や強制労働に似た慣行を強いられる」（前掲「人、とくに女性と子どもの人身売買に関する特別報告者ジョイ・ヌゴジ・エゼイロ提出の報告書」付属文書「日本公式訪問」より）

国連のそうした勧告や報告は、その後何度もありました。しかし日本政府はこの制度を続けています。

安倍政権によって、この議論が止まってしまっていましたが、今その矛盾がグッと表面化してきました。しかし今、表面化していることはずっと人目に付かないところで伏流していたのです。そのせいで、たくさんの不幸な例があり、多くの人が傷つけられてきました。

まずは「技能実習生」と呼ぶ偽装をやめないといけません。「労働者を労働者として受け入れる」。そして「労働者が労働者として移動する」。大切なのは、そういうことだと思います。

技能実習制度の何がズルいかというと、「開発途上国への技術移転」ということを名目にしていることです。お為《ため》ごかしです。

期間限定労働なら、それを正直に明言すべき

ただ、期間限定の出稼ぎ労働そのものが必ずしも「絶対悪」というわけではありません。例えば「実は、私たち日本の社会は人手が足りなくて、今困っています。当面、期間限定的な受け入れ方しかできませんが、良かったら働きに来てくれませんか」と正直に言うのなら、いいと思います。

「日本はこれから労働者の受け入れ制度を順次整えていくつもりですが、今はとりあえず過渡的に三年間という期間労働に来てくれませんか」と正直に伝え、「ただしその間も労働者としての権利はちゃんと保障します」と宣言するなら、それもありです。例えば「これを短期就労制度と呼びましょう」というような形であれば。

しかしそう正直に伝えず、ずっと「技能実習」と呼んで偽装し、インチキを行ってきているせいで、さまざまな問題が起きているのです。労働者としての権利も守られず、制限されているのです。

そして、私たちの国の都合によることとなのに、「開発途上国への技術移転」などとウソを言うことで、技能実習生を雇用している側の社長らにも「技術を教えてやっているんだ」という〝上から目線〟の勘違いや思い上がりを持たせ、歪んだ上下関係を助長し、差別や虐待を生んでいるのです。

「技能実習」という欺瞞に満ちた名称が、日本社会全体にアジアの人々を見下す傲慢さと見誤りを作っているのです。

市民運動、労働運動でも韓国に学んだ方がいい日本

今、国際社会の中で、韓国は日本人が思っている以上に活躍しています。電子機器、自動車産業でもそうですし、労働運動でも韓国の労働組合のナショナルセンター「全国民主労働組合総連盟（民主労総）」の国際的信頼性は、非常に厚いのです。

一方、日本の労組のナショナルセンターは、どうでしょうか。私は欧州の労働組合の会議に何度か参加したことがありますが、「日本の労組のようになっていいのか」と欧州の組合のリーダーたちが、名指しではっきり言っているのを耳にしました。日本の労組は確かに多額の資金を国際組織に出していることもあり、欧州の労働組合役員も、それなりに対応するのです

が、運動そのものについては残念なことに欧州では評価されていません。金を出してえらそうにしているけど実は尊敬されていない、バラまきの日本政府と同じ「残念なポジション」です。

しかし韓国の民主労総は、アジア各国の労働組合のナショナルセンターの中で最も信頼される存在になっています。フェミニズムや市民運動でもそうですが、韓国がアジアのハブになっているのです。市民運動も、いつのまにか日本の市民運動を追い越してしまいました。韓国の市民運動は選挙にも大きな影響を与え、政権交代が実現したり、元大統領の訴追も行われています。

それにもかかわらず、「韓国人は日本人より下のはずなのに」という発想をいまだに持っている人が、日本には多数います。そして、日本国内においても在日の人が成功し、お金持ちになっていたりすると、日本人はねたみを持ちます。「嫌韓」というのは、そういうことではないでしょうか。そして、それに一部マスコミが拍車をかけています。

日本社会をじわじわと破壊する「使い捨て」労働

今も日本は「技能実習」＝「発展途上国への技術移転」という偽装を続けていて、それによって第二章に書いたように、技能実習生たちがひどい目に遭っているわけですが、問題はそれだけにとどまりません。気がつかないうちに、私たちの社会自体がじわじわ腐ってきてしまっているのです。この偽装が倫理観や労働基準、人権の感覚をも壊してしまい、さらには、いわゆる「経済的合理性」も壊してしまっているのです。

第三章でも書きましたが、使い捨てのローテーション労働をやることによって、各産業に担い手がいなくなりました。この一〇年～二〇年の間ずっとそういうことを続けてきたことが、ボディ・ブローのようにじわじわと効いてきて、産業にも深刻なダメージを与えているのです。

日本政府も人口減少社会という現実に直面して、一度は自ら警鐘を打ち鳴らしたはずなのに、それをいっさい忘れ、技能実習という形でローテーション労働者を「使い捨て」にしてきました。その結果、今、産業全体がとんでもないことになっているのです。

例えば縫製業の場合は、縫製業自体が産業政策をしっかりしなくてはならなかったのに、低賃金労働をさせることで、ごまかしてきました。建設業や農業でも同じで、それによって担い手がいなくなってしまったのです。そのため、技能実習生に技能を教える者すらいなくなっているのです。

前述したように、技能実習生は、日本に来て三年～五年働いたら帰ってしまいます。これではせっかく現場で技術を覚えて熟練労働者になろうというときに戻ってしまうため、「なんとかならないか。彼らが続けて働くための制度はできないのか」と現場の社長たちから私も相談を受けたのです。

つい最近も驚いたことがありました。工事現場に現場監督が足りないのです。とりわけ中堅の建設会社などで顕著です。戸建て住宅では一戸一戸に現場監督が必要ですが、現場監督をできる人材がいないのです。そのため最初にする地盤改良工事などが進まず、次の工程の基礎工事業者や大工さんも仕事が進められない、という事態が起きています。

そして厚労省が発表した、『過労死等防止対策白書』では、いわゆる過労死を含めた労災認定を受けた死・自殺の中で、現場監督の労災自殺のリスクの高さがわかります。

二〇一七年にも、東京五輪の主会場となる新国立競技場の建設工事に従事していた現場監督が、二三歳という若さで自殺し、「極度の長時間労働」によるものとして労災認定されています。

この現場監督は、競技場の建設工事を受注した大手建設会社などの共同企業体の下請け会社に前年四月に入社したばかりでしたが、一二月中旬から地盤改良工事の現場監督に任命され、翌一七年三月に失踪し、四月に自殺した状態で発見されました。失踪前一カ月間の残業時間は、一九〇時間超で深夜労働も多かったとのこと。このようにムチャクチャな働き方をさせられているこことが、現場監督の自殺が多くなる原因でしょう。

こうしたことによって人手が減り、今は外国籍の現場監督も出てきています。でも本来なら、もっと前からそういうふうにシフトしなくてはならなかったのです。建設業で日本に来る外国人労働者をちゃんと育て、資格も取れるようにしていき、技能や専門知識を継承し、身に付けてもらって担い手を育てていく、ということを考えていくべきだったのです。

それなのに「日本人じゃないから」と言って、技能実習生という名目で期間限定の使い捨てにしてきたため、全然人手が足りなくなってしまったのです。欺瞞の中で、空洞化がどんどん進んでいったのです。

現場はひどい状態です。最近、私たちの事務所のそばの工事現場でコンクリートポンプ車からコンクリートを圧送しているオペレーターを見たら、七〇代の高齢者でした。四つ葉マークを付けて走っているダンプカーも見かけます。本当にもう担い手がいないのです。

元凶は「新時代の『日本的経営』」

ローテーション労働者や「使い捨て」の労働力ということでいえば、最近では日本人も派遣社員や契約社員の割合が増えていて、数年間同じ会社で働くと、それ以上その会社では働かせてもらえず「雇い止め」で職場を追われる、ということがあります。これは日経連（現・経団連）が一九九五年に「新時代の『日本的経営』」という策を打ち出し、ギャンブルに出たせいです。この賭けが破綻してきたのです。

彼らは労働力を「長期蓄積能力活用型（企業特殊熟練能力者）」「高度専門能力活用型（プロフェッショナル）」「雇用柔軟型（短期雇用労働者）」の三つに分け、中核になる長期雇用者のまわりに流動的労働力を作って活性化させる、というようなことを考えました。「雇用の流動化によってなんとかなるだろう」と。しかしそのせいで、多くの労働者が、安定して働けない、ということになってしまい、今日に至っているのです。

それでも一九九八年までは「有期雇用」は一年しか認められていませんでした。労働契約で、期間のある契約というのは一年までで、「一年を超えたら無期契約になる」ということだったのです。それを九八年の労働基準法の改正で三年にしたのです。これが「有期雇用は三年」という派遣労働の概念を作っていきました。

これは非常に重大なあやまちでした。そういうギャンブルに出たことが社会を荒廃させ、産業の空洞化を招いたのです。これが大きな分水嶺《ぶんすいれい》であり元凶です。

表向きは「終身雇用制は能力のある人を抑え込んでいる悪弊だ」「皆が活躍できるようにしよう」「これからは能力主義、成果主義だ」と言ったのですが、実際はとんでもないことになりました。

これと連動して外国人労働者の「使い捨て」をしてきたのです。それらが、産業の空洞化を加速させ、今の状態にしているのです。今私たちは、この事実を直視して、取るべき道を選ぶときに来ています。

これは「日本のために外国人労働者を受け入れるべきだ」ということではなく、「地球規模で考えよう」ということです。「日本の利益」だけ考えていては、もうダメなのです。

「人口減少社会」と言われますが、それは今の日本国籍の人の人口を中心に考えているからです。でも例えば、この日本社会に住んでいる人たち全体の人口、「外国籍者も含めた人口」という見方もできます。

地球規模で見れば、前述したロヒンギャ難民キャンプで小田原の篤志家の人が言ったように「この人たちに来てもらって働いてもらえないか」というようなことが実現できればいいのです。

そしてこの社会に来た人たちが、「ここ」を気に入って働き続けるうちに家族を形成して定住していく、ということになるのではないでしょうか。今はすでに、そういう時代状況になってきているのです。

人権・オリンピック憲章・SDGs

「日本はこのまま行くと滅びる。だから外国人が来てくれるような国にしよう」と言う人もいますが、そういう発想にも誤りがあるのではないかと思います。多くの日本人にとって、そういう言い方はわかりやすいですが、そこには落とし穴があるのです。善意を持って言っているのかもしれませんが、そこには主従関係、上下関係的な見方が隠されています。

私たちが次の社会を考えるにあたっては、その地域——この日本なら日本という社会——に今欠けているものや、問題があることを、地球規模の視野で考えることが大切だと思うのです。そのためには人権の国際的基準や、「いかなる種類の差別も受けることなく」とうたっているオリンピック憲章、「誰一人取り残さない」と言っているSDGs（Sustainable Development Goals＝持続可能な開発目標）、そして日本国憲法の価値観を大切にしていくことだと思います。

日本国憲法の前文をあらためて読むと、「われらは、全世界の国民が、ひとしく恐怖と欠乏から免かれ、平和のうちに生存する権利を有することを確認する」と書かれていますし、「われらは、いづれの国家も、自国のことのみに専念して他国を無視してはならない」と明記しています。つまり、自分たちの国、日本だけでなく、「全世界の国民が平和のうちに生存する権利を有する」ということを言っているのです。

ですから生存権や平和に関して、日本国民という概念だけでくくっていいわけではないのです。

そして今、ＳＤＧｓや「ビジネスと人権」ということを考えても、地球規模で考えようという気運が高まっています。最近、気候変動や環境問題についてグレタ・トゥーンベリさんをはじめ高校生たちが世界規模でデモをやったり、統一行動をしようと立ち上がったりしていますが、それも「皆が地球規模的に考えていこう」という思いのあらわれでしょう。

そんな中で先進国としての日本の役割や責任は、おのずとはっきりしてくるのではないでしょうか。地球規模でビジネスと人権、ＳＤＧｓなどについて考えていく必要があるのです。そこに日本もあるのだ、そういう日本だからこそ、オリンピック・パラリンピックの開催地として選ばれたのだ、と思うのです。

まずは技能実習生の救済を

では、私たちは何をしたらいいのでしょうか？　それはやはり、まず第一には現にこの社会で働いている技能実習生の救済です。技能実習生の保護・救済機関である外国人技能実習機構の人員増加と予算増による強化が必要です。また、被害を受けて逃げ出した「失踪」技能実習生の宿泊施設（シェルター）の設置、そして同時に、政府が技能実習生の保護救済タスクフォースチームを、私たちのようなＮＧＯと対等な関係で作ることです。労働搾取の被害者認定を積極的に行うことが求められます。また、技能実習生に、日本における労働者としての法的権利を周知させることです。主張できる権利を知らせるべきです。

そして、本質的解決は、どうすればよいのでしょう？　答えは簡単明瞭です。技能実習制度をやめることです。これはもう、はっきりしています。先に書いた国連特別報告者の勧告の通りで、この制度を変えればいいだけのことなのです。

あえて乱暴に言うなら、まずは看板を変えてしまうことです。技能実習という看板をやめて、労働者受け入れ制度としての名称に変えることです。実態に即して、まず労働者として受け入れることを認めることです。そうすれば、この社会全体に「労働者を受け入れている」という意識も醸成されます。「技能実習生に教えてやっているんだ」という、上から目線の考え方ではなく、「働きに来てもらっているんだ」という意識を持つことです。そこから変えていけばいいのです。

「実習生」という名称そのものが、著しい支配従属関係を生み出す意識を醸成させています。労働者と社長が対等の立場で労働条件を決めるという労使対等原則が壊されて、残業代の時給が三〇〇円などという、とんでもない低賃金の奴隷労働を正当化する思考につながっているのです。

技能実習制度をやめても、困る人はいない

「技能実習制度をやめたら困る人がいるでしょう」と言う人がいますが、そんな人はいません。労働者受け入れ制度を導入すれば、誰も困りません。今の実習生も困らないし、受け入れている企業や農家も、誰も困らないのです。技能実習生という看板を変えても、実態に即して名前を変えるだけですから。皆がいいねと言うでしょう。受け入れている側も、後ろめたさがなくなります。

そして、「技能実習生の救済」とは、その人たちの労働者としての権利や労働基準が、ちゃ

んと担保されるということです。まずは、日本の労働基準法に基づけば十分なのです。日本の労働法は、十分に素晴らしい法律ですから。

日本の労働法がちゃんと適用されるということ。そして、外国から来た労働者たちが労働基準の適用を自ら要求することができるようにする、ということです。

私は常々言っていますが、彼ら彼女らは、そういう労働基準や権利について知れば、ものすごい力を持つのです。そもそも遠い外国まで出稼ぎに来る人たちだから、とてつもないバイタリティやエネルギーを持っているし、権利意識もしっかり持っているのです。

「出稼ぎ労働者」が交渉で勝ち取ってきた権利

日本の労働基準法や関連する省令には、寄宿舎に関する規定があります。例えば一部屋に住む人数は何人とか、要するに従業員の宿舎に関する規定です。また、労働安全衛生規則にも、規定があります。トイレは男女別で、従業員何人に対して一個確保されなくてはいけない、などと決められているのです。

こういう法律がなぜできたかというと、地方から出稼ぎに来た人たちの労働組合が要求して勝ち取った権利だからです。

昔、日本は、東京の建設現場などでも皆、掘っ立て小屋みたいなところに泊められて働かされていたのです。地面に穴を掘って、トイレ代わりにしたりしていました。そういう不衛生で劣悪な環境に対して、出稼ぎ労働組合が、出稼ぎ労働者の権利を要求して交渉を重ねたのです。そうした交渉の積み重ねの中で、労働者の権利は拡大されていったのです。

そういう面でも、出稼ぎ労働の価値というのはあるのです。そして、それと同様に外国から来た労働者たちが、私たちに労働者の権利を気づかせてくれた場合もあるのです。第二章に書いた九〇年代のオーバーステイ労働者の二つのエピソードがそうです。

一つは、【ケース14】のメッキ工場の話です。インド人たちが、私たちのところに相談に来て、「給料が遅配しているから、なんとかしてほしい」ということで聞き取りをし、その後、メッキ工場の社長は自殺してしまいましたが、未払い給料などを記した書類を残しておいてくれたので、未払賃金立替払制度を利用して未払い給料の立替払いをしてもらえたのです。もう一つは【ケース2】の居酒屋チェーンSのケースです。未払いだった三八億円の残業代を会社が払った話です。このように、外国人労働者が自分たちの権利を要求したことで、日本人労働者にも労働者の権利を知らしめることになった前例があるのです。後者のケースでは厚労省に、サービス残業をなくしていくための取り組みを企業に求める通達を出させることにもつながりました。

ですから、外国人労働者が自分たちの労働者としての権利を知れば、日本の労働組合運動や日本の労働者の待遇も一緒に良くなるのです。彼ら彼女らが声を上げる権利をちゃんと担保すれば、それによって日本人も含めた労働者全体の権利も向上するのです。

場合によっては外国人労働者が労働者全体を指導する側に回るかもしれません。例えば、アメリカのＡＦＬ－ＣＩＯ（アメリカ労働総同盟・産業別組合会議）は、移民労働者の組織化によって、活性化しています。日本でも、そういうことが起こる可能性はあります。

国際基準である「家族の統合権」を認めない日本

外国人労働者には、生活者として「家族帯同の権利を認める」ことも必要でしょう。この家族の帯同に関して、あるトルコ人労働者の話があります。

その人は「鳥井さん、これ、絶対おかしいです！」と私のところに言ってきたのです。彼は奥さんと子ども二人と一緒に暮らしているのですが、彼自身は元々、永住ビザを持っていて、トルコ人の奥さんをトルコから迎えたのです。そして子ども二人は日本で生まれました。二人とも生まれたときに永住申請をして、永住資格を取りました。ところが、奥さんのビザは永住ビザではなく、配偶者ビザで、一年ごとの更新が必要なのです。それで、はがきが来て、一年ごとのビザ更新だから更新料四〇〇〇円を持って入管に来い、と書いてあると言うのです。「これはおかしい！」と、その人は、ものすごく怒っていました。「子どもは永住資格があるのに、なんでその母である妻は一年なんですか！」と。

私が説明しても彼は納得しません。確かにこれは国際基準に反することですから。家族が一緒に生活する権利「家族の統合権」を、日本は認めていないのです。これは、やはりおかしいです。奥さんからすれば「夫に永住資格があり、さらに自分が産んだ子ども二人にも永住資格があるのに、なぜ私が一年ですか」という話です。

今回、在留期間の更新審査のときに一応、三年更新のビザを希望したのです。私が頼まれて申請書類を作りました。三年更新のビザが取れれば、次の更新のときは永住ビザになります。それで三年更新のビザを希望して申請書を出したのですが、やはり一年更新のビザしか出ませんでした。しかも、理由も説明されないのです。でも、家族の統合権から考えれば、永住ビザを出さなくてはならないはずなのです。

NHKのドキュメンタリー番組「プロフェッショナル　仕事の流儀」（二〇一九年放送）に私が出演した際、その中に出てきた当時高校進学したばかりのミラクルの家族もそうです。日本でガーナ人の両親のもとに生まれた娘であるミラクルにはビザを与えるけれども、両親は国に帰れ、と入管が言うのです。これでは家族の統合権を認めていません。

しかし家族の統合権は国際的な人権基準です。日本は人権に基づいた施策をして、外国人労働者をちゃんと人として迎える準備をしなくてはなりません。

行政の不備――「税金滞納」通知も日本語文書のみ。読めずに高額な延滞金

ニューカマーの労働者が日本で働き始めて三〇年以上たつにもかかわらず、制度や行政の対応は、多様な背景を持つ彼ら彼女らの存在を、いまだに前提としていません。

しかし、彼ら彼女らはこの地で暮らし、仕事の面だけでなく、健康保険や年金、税金制度の担い手としても寄与しているのです。それなのに、それに見合った労働環境、労働条件、行政サービスを受けているとは言えません。こうしたことをしっかりと変えていく必要があります。

例えば今、各地方自治体が外国籍の家族に対して出す文書は、日本語です。消費税増税の対策としてプレミアム付商品券というのが各地方自治体でありましたが、「あなたはもらえます」という文書が日本語で送られて来ても、読めないわけです。他にも、例えば税金の還付金のお知らせで「あなたは、税金を納め過ぎたから返金します」というのも、日本語だけで来ている

のです。

逆に、「あなたは税金を滞納しています」というお知らせも、日本語で来るので読めません。

実際、私は最近、トルコ人とパキスタン人の労働者の健康保険税の滞納に関して、市役所と何度もやりとりをしました。彼らは、健康保険税を延滞したため、本税に滞納税が加算されたのですが、滞納している事実を知らせるのに、市は日本語の文書しか送っていませんでした。そんな文書を見ても、トルコ人やパキスタン人には意味がわかりません。市から電話の一本もしてくれれば意味がわかるのに、電話もしていないのです。

流暢ではないですが、彼らは日本語で会話をし、相手の言うことを理解することはできるのです。ただ、日本語で書かれた文書を読むことはできないのです。

これは私自身が役所へ行って確認しましたが、市の職員は「電話はしていません」と言っていました。

「それはちょっとひどいじゃないですか。何のために外国人の住民票ができたんですか」と私は抗議しました。「夫婦とも外国籍だということがわかるのですから、電話の一本もしてくれればいいじゃないですか」と。

そういうやりとりをしたあとで出た結論は「このままでは、やはりダメだ」ということでした。

ただ、延滞した場合の減免措置という条例がありました。「理由がある場合」ですが、これはどこの市町村でもあるようです。その市では理由として一～七まで項目が挙げられていて、その一つの「理解できなかった、知らなかった」というのにあたるのではないか、ということで文書を出しました。本人たちの陳述書を私が作成して出すとともに、私自身が移住連の代表理事として陳述書を出したのです。

そこには「本人たちは事実を知らない。文書はずっと日本語だけでしか送られていないから」ということと「私は市役所の窓口で口頭でも伝えたが、それ以降も市役所は改善をいっさいしていない。これでは一方的に本人たちだけを責めるわけにいかないのではないか。市役所にも瑕疵《かし》（過失）があると言わざるを得ない」と書きました。

その後、市役所から文書が来て「減免申請は却下する」と書いてありました。それには、申し訳程度に英語でちょっとだけ、「却下する」という内容を書いた附箋が二、三カ所貼ってあるだけで、文書自体はすべて日本語なのです。そして、これに対する不服審査の申し立てを市長にすることができます、ということも下に小さく書いてあるのですが、それも日本語でした。

これはどういうことなのでしょう？　やはり「移民政策を取らない」ということを中央政府

のトップが言っているせいで、その下にある官僚機構、市町村の役所までもが、全体的にそういう流れになってしまっているのだと思います。

官僚・役人は「市民の理解を得られない」というような言葉を使うことがあります。でもそれはほとんどの場合、役所の側が「市民の理解を得ようとしていない」のです。この市役所のケースでも、行政当局者らは、住民であるトルコ人とパキスタン人労働者の理解を得ようとしていません。

「この社会の構成員の中に、日本語のなかなか通じない人たちも現にいて、この社会を支えている」という事実に、制度がついて行っていないのです。結局、省庁ごと、自治体ごとの対応になってしまっているのです。中には、気のきいた担当者が、ちゃんと相手にわかるように丁寧に説明したり、「電話でもしてみようか」という対応を取ったとしても、職員の「当たり外れ」に終わってしまっているのです。

それで本人たちと相談すると、トルコ人の男性は「鳥井さん、審査申し立てや裁判もできるのかもしれないけど、分割で毎月一万二〇〇〇円でも一万五〇〇〇円でも払えばいいということなら、私たちは、まあ、それでいいよ」と言うのです。

彼らは「私たちは、まあ……」と、あきらめた言い方をするわけです。これはあまりにも不公平ではないでしょうか。ＳＤＧｓが言うように、この社会の一人ひとりに対して「誰一人取り残さない」ようにするということと、あまりにもかけ離れています。

しかしはっきり言って、この市役所も、他の地方自治体に比べれば、まだ「マシな方」なのです。一般的な自治体の対応だと、「日本語が読めないなら国際交流協会とか、通訳サービスをやっているところに相談に行け」と言われるのです。でも、それは話の筋道が違うと思います。滞納などが起きたときに、「この人はひょっとしたら日本語を理解していないんじゃないか」とか「意味がわかっていないんじゃないか」という想像力を働かせてもいいのではないでしょうか。そのためにも政府による政治的判断や通達が求められると思います。

第二章に書いた「ン問題」も、同じことです。役人は行政のシステム、手続きを改善させるよりも「名前の順番を変えてもらおう」というふうに発想してしまうのです。

防災訓練や防災放送も外国籍住民が参加できるものを

近年は地震だけでなく、大規模な台風や洪水など、さまざまな災害が続いています。しかし、それに備えるための防災訓練などは、どれほど今の外国籍の居住者を前提にしたものになっているでしょうか。

私の住んでいる江戸川区でも、多言語化していませんでした（新型コロナウイルス感染防止を呼びかける放送で、多言語が始まりました）。だから防災訓練のお知らせも、まったく周知されていないのです。そのせいで、防災訓練をしていると、外国籍らしき人が「何してるんですか？」と不思議そうに見ていたりするのです。防災無線の放送もほぼ日本語でしか言いません。そういうところでも、政府の政策と、この社会の実態が見合っていないのです。後述しますが、いざそういう災害があったときには、外国籍の人たちも支援の担い手になってくれるのにもかかわらずです。

政府の欺瞞がヘイト・スピーチを生む

そもそもなぜこういうことが起きるかといえば、やはり政府が「移民政策を取らない」「移民政策とは異なる」というようなことを言い続けているからです。

地方自治体も、努力しているところはありますが、それだと中央の言うことと違うことをしていることになってしまいます。すると、「なぜそんなことに金をかけるんだ！」などと、在特会などのヘイト・グループや差別主義者たちから言われたりするのです。これも、政府が今の社会の現状に目を向けていないことが原因です。それどころか政府、行政は「外国人、出ていけ」などと言う人たちの顔色を窺っています。

二〇一九年に名古屋で行われた、あいちトリエンナーレの「表現の不自由展・その後」で展示された「平和の少女像」について、名古屋市の河村たかし市長は「日本人の、国民の心を踏みにじるもの。いかんと思う」と発言し、展示を即刻中止するよう愛知県知事に求めました。そして萩生田《はぎうだ》文科大臣も、トリエンナーレへの補助金の不交付を決定しました（のちに減額交付）。しかしこの像の作者のキム夫妻は、少女像は慰安婦が戦中・戦後に受けた苦痛を表現したもので、「反日の象徴ではなく、平和の象徴です」と語っています。夫妻は、戦時性暴力というものの悲惨さ、その犠牲となった人たちへの思いをこめた作品制作をしており、ベトナム戦争中の韓国軍による民間人虐殺をテーマにした「ベトナムピエタ」という像も制作しているのです。とくに日本軍だけを批判しているわけではありません。

それにもかかわらず名古屋市のトップが、日本人に対する攻撃だと決めつけて対立を煽《あお》るようなことをし、文科大臣がそれを追認するように補助金を不交付とするというのは問題だと思います。

このように、韓国や中国など、外国人を目の敵にするような考え方をする人が増えているのは、政府のトップがそうした排外的な考え方に迎合し、事実をねじ曲げたことを言い続けているからです。

そうした歪みを変えるためにも、「外国人労働者は労働者として受け入れる」ということ、そして、「この社会が今どういう状態にあるのか」という事実について、人々がきちんと直視する必要があります。

あらためて「移民とは何なのか」ということです。「移民」というのは、実は「移民」という言葉で区別されるものではなく、「この社会の一員になろうとしている人たち」と考えた方がいいのです。そして実は今、私たちの社会の方も、「この社会の一員になろうとしている人たち」を求めているのです。

労働のマッチングはハローワークを使うべき

法務省の下部組織である出入国管理局（入管）が、二〇一九年四月から、出入国在留管理庁に格上げになりました。その直後に入管庁は、東京電力ホールディングスの申請を受けて、福島第一原発の廃炉作業に、新資格の「特定技能」で受け入れ可能だと許可しました。しかしこれに対し翌五月、厚労省がストップをかけました。これは、第三章でも書いた通りで、外国人労働者に対する健康管理などの問題に関しては、厚労省の方が一日の長があるのです。入管庁は、ベトナム人労働者は放射線作業が禁止されているということも理解しておらず、労働の現場のこともまったくわかっていません。

「労働者と労働力の切り離し」というフィクションの中に埋没しているのです。労働と労働者のマッチングは、法務省にも、その下部組織である入管庁にもできません。

では、外国からの労働者を受け入れる際にどうすべきでしょう？　答えは簡単です。日本はすでにハローワークという素晴らしい機構を持っているのです。これは胸を張っていいシステムです。厚労省の中にも、ハローワークで一生懸命地道に仕事をしている人がいます。

ハローワークは有効求人倍率や、その地域の労働者募集状況についても調査しているので、それを見れば日本で必要とされている産業、業種、職種はどこにどうあるのかが、わかるのです。それに対して送り出し国の側が、「そこのところには、これだけの人が行けますよ」ということを打診してから送り出す。そうやってマッチングすればいいのです。

そしてこれも前に書きましたが、ちゃんと官庁同士でやるべきです。「民間の活用」などと言って民間企業を使うことがさも良さそうに政府は宣伝していますが、実態は違います。人の移動に関しては公の組織がやることが大事です。そうすることで、ブローカーに介在させないようにするのです。官と官でやっていても、隙間を縫ってブローカーは介在しようとしますが、最初から民間にやらせるよりは、公の組織同士でやる方が、ブローカーの介在を防ぎやすいです。

新しい「特定技能」ビザは、ブローカーに「どんどん介在しなさい」と言っているようなやり方になってしまっています。「特定技能」で招聘《しょうへい》する労働者を、零細企業が自分たちで中国やフィリピンやインドネシアやベトナムに行ってリクルートしてくることなどできないからです。誰かに頼るしかありません。そこに入ってくるのが、ブローカーです。だからこの制度は、非常にブローカーの温床になりやすいのです。

それを防ぐためにもハローワークを活用すべきなのです。「うちでは、現地までリクルートに行くなんて、できないんですよ」という中小・零細企業は相談に行き、「じゃあ、こういう応募があるよ。おたくのところでどう?」という感じでハローワークが紹介すればいいのです。すでにあるハローワークをうまく活用すれば、人身売買や奴隷労働の根絶にもつながっていくのです。

江戸の昔から「口入れ屋は一番儲かる」と言われています。口入れ屋とは「奉公人の周旋・仲介業者」、つまり人材あっせん業です。口入れ屋やブローカーをなくして公的なものにしていくことが大切です。

外国人労働者に限らず、人材派遣会社はどこも羽振りがよく、一時期はテレビを見ても人材派遣会社のCMばかりでした。技能実習制度にも、人材派遣会社が参入してきています。

例えばオランダのアムステルダムに本社がある超大手の外資系派遣会社ですが、近畿地方の自社工場を住所地に協同組合を登記し、監理団体をやっています。そして大手企業に一〇〇～二〇〇人単位で技能実習生を送り込んでいるのです。技能実習制度では派遣労働は許されていませんから、全部、工場の構内下請（工場の生産ラインに下請け業者として入って作業をすること）でやらせています。実際はブローカーです。

そしてひとたび景気が後退すると、雇用者としての倫理や責任感が希薄なブローカーは労働者を放り出して逃げてしまいます。新型コロナウイルス問題でも、二〇〇八年のリーマンショックのときと同じように、大手自動車メーカーが軒並み操業を停止し、日系労働者の「派遣切り」が始まっています。派遣会社の丸抱えで働き、生活している労働者にとっては、たちまち、住むところも失い路頭に迷うことになります。

もう一度言います。奴隷労働と人身売買を根絶するには、何よりブローカーの排除が急務なのです。これは地球規模的な課題です。

ハローワークが注意すべきこと

ただ、ハローワークにも改善点はあります。

ハローワークは基本的に、今、日本にいる外国人で在留資格があって働ける人には、すでに仕事の紹介をしていますが、その現場で「どこの国籍ですか」と尋ねてしまった事件がありました。

外国人労働者がハローワークに来て、職員が労働者を募集している会社に打診をする際「外国の人が希望している」という言い方をして、その会社の担当者が「どこの国ですか」と聞いたのです。それでハローワークの職員がそのまま「どこの国ですか」と尋ねたところ、その外国人労働者が怒ったのです。「その質問は何ですか?」と。

その人は、法的に保証された在留資格もあってハローワークに来ているにもかかわらず、そういう尋ね方をされたので怒ったのです。これは正当なことです。ハローワーク職員は本来、その会社の担当者に対して「国籍を聞くわけにいきません」と答えなくてはいけないのです。国籍による差別をなくすためです。ところが、会社側から尋ねられたことを、そのまま尋ねてしまったのです。

これはハローワークもそうですが、不動産業者もそうです。不動産業でも、国籍で入居者を差別してはいけないのです。でも、大家さんから「何人《なにじん》ですか?」と聞かれると、本人に尋ねてしまったり、「外国人だからダメ」と排除してしまうことがあります。そうした問題は何十年も前からずっとあるのです。

ハローワーク職員にも不動産業者にも、人権に配慮するよう、政府からの通達が必要でしょう。

デマやフェイクにだまされないために、必ずファクト・チェックを

移民政策を考えるときに大切なことの一つには、移民に対するデマ、フェイクが、ものすごく多いということです。これは日本だけではありません。欧米でもどこへ行ってもそうです。

例えば「民族間の戦争」という言い方がありますが、実は民族にまつわるデマ、フェイクというのは、政治家が自分の政治的主張を通すときに、一番使いやすいものなのです。どこの地域、国であっても、時の政権は自分たちの不具合や失策を、移民や外国のせいにすると、非常に楽に、そして容易に国民の目をごまかすことができるのです。だからこそ、その方法がずっと常套《じょうとう》手段として使われてきたのです。私たちが次の社会を考えるとき、この常套手段にど

う対処していくのか、という教育と啓蒙《けいもう》が非常に大切です。

そのためにはデマやフェイクに対して、それが事実なのかどうか、ファクト・チェックを繰り返しやっていかなくてはならないのです。これからの移民社会を考えるにあたって、大きなポイントの一つはそれです。

「外国人が健康保険タダ乗り」というデマ

例えば、少し前にあったデマ、フェイクの例に「健康保険タダ乗り」論があります。「外国人に健康保険がタダ乗りされている」というデマに基づいたキャンペーンがメディアによって行われたのです。

厚労省は一部の偏向報道や国会質疑をきっかけに二〇一七年三月、在日外国人の国民健康保険利用に関する実態調査を行いました。この調査で明らかとなったのは、二〇一五年一一月から翌一六年一〇月の一年間で外国人レセプト（医療報酬明細書）の総数一四八九万七一三四件のうち、国保資格取得日から六カ月以内に八〇万円以上の高額治療を受けたのは一五九七件（総数の〇・〇一パーセント）であり、そのうち「不正な在留資格である可能性が残る」とされたのは二名だけ。一四〇〇万件以上調査して、「グレー」はたった二件です。

厚労省も「在留外国人不適正事案の実態把握を行ったところ、その蓋然性があると考えられる事例は、ほぼ確認されなかった」と述べています（厚生労働省「平成二九〈二〇一七〉年一二月二七日保国発第一二二七 第一号」通知）。

小学館の「ＳＡＰＩＯ」誌は「抜け穴だらけの健康保険が中国人に乱用されている」（二〇一七年一一・一二月号）という記事を載せ、講談社の「週刊現代」も「日本の医療費が中国人に食い物にされている」（二〇一八年五月二六日号）という記事を掲載、そしてＮＨＫさえも「クローズアップ現代＋」（二〇一八年七月二三日）で「日本の保険証が狙われる〜外国人急増の陰で〜」という放送をしました。他にも「日本経済新聞」や「朝日新聞」、「毎日新聞」でも同様の、外国人への差別や偏見を助長する報道が行われました。でもそんな事実は、前述のようにどこを探してもなかったのです。

そして、なぜか厚労省は、同じ通知であらためて「在留外国人の国民健康保険適用の不適正事案に関する通知制度」の試行的運用を全国の自治体に求め、実施させています。

具体的には、市町村に「外国人被保険者が資格取得から一年以内に国民健康保険限度額適用認定証の交付申請を行った場合（その他高額な医療を受ける蓋然性が高いと市町村が判断した場合）に当該外国人被保険者について以下の情報等（①住所②在留資格③在留期間④資格取得年月日⑤資格取得事由⑥就労状況⑦就学状況）の聞取りを行う、又は資料等から確認する」こととあわせて「外国人被保険者が在留資格の本来活動を行っていない可能性があると考えられる場合」には、当該市町村所管の地方入国管理局に通知するよう求めています。

しかし在留資格の判断は本来、入管法に基づいて、法務省の入国管理局（現・出入国在留管理庁）が行う業務です。国保窓口で在留資格に関わる調査を求めることは、所管外の国保担当の職員に自らの権限と職務を逸脱して、外国籍者の個人情報の聞き取りを強いることになります。また、国保担当の職員の多くは、入管法や在留資格に関する正確な知識を有しておらず、そうした職員が個別に「疑わしい」と判断した外国籍者に聞き取りを行うことは、外国籍被保険者への差別や偏見を助長しますし、国保利用に対する萎縮効果を生む恐れもあります。

「単一民族国家」というデマ

こういうデマ、フェイクの代表的なものとしては、いわゆる「単一民族国家論」があります。二〇二〇年一月一三日に麻生太郎副総理兼財務大臣は「日本は二〇〇〇年の長きにわたって一つの場所で、一つの言葉で、一つの民族、一つの天皇という王朝が続いている国はここしかない」と発言して批判を浴びました。

このような単一民族国家論は、日本独特のデマ、フェイクです。この日本社会で少なくともここ三〇〇年間を見ても、単一民族国家であった事実はありません。政府も二〇一九年五月施行の「アイヌの人々の誇りが尊重される社会を実現するための施策の推進に関する法律（通称「アイヌ新法」）」で、アイヌが先住民であることを明確に認定しています。沖縄もかつては琉《りゅう》球《きゅう》王国であり、独自の文化を持っています。

日本はこういう社会としてずっと続いて来ているにもかかわらず、「単一民族国家」などというデマを副総理ら政府の中核にある人間が平気で口にすることは、非常に大きな問題です。

「外国人が職を奪う」というデマ

また、第一章でも触れましたが、雇用競合論というものもあります。「移民が日本人の職を奪う」という主張ですが、これもまったくのデマとフェイクです。外国人労働者が従事させられがちな仕事は「低賃金・重労働」のものが多いのですが、そういう仕事には、そもそも日本人が就きたがりません。農業や漁業、建設業などは常に人手不足です。

バブル経済の一九八〇年代にニューカマーの人たちが日本に来てから三〇年以上たちますが、どの産業でそういう「職の奪い合い」が起きたというのでしょう？　そういう事例が実際にあったというなら、ぜひ聞きたいものです。そんな事実はどこにも見当たらないのです。「ヨーロッパや、アメリカではあるだろう」と言う人がいますが、海外でも実際にはそういうことは起きていません。これはすでに研究者の間で明らかにされています。

二〇二〇年一月にイギリスはEUを離脱しましたが、「EUから離脱すべきだ」というキャンペーンの際、「移民がイギリス人の職を奪っている」という主張がありました。ある会社でイギリス人が仕事をしたいと言ったら断られた、そこではポーランドからの移民労働者がいた、という話です。しかし調査してみると、実は「イギリス人が納得する賃金は払えない」だけでした。賃金の安さ、つまり労働基準が問題で、移民の問題ではなかったのです。こういう「雇用競合論」については注意深く考え、ファクト・チェックする必要があるのです。

この問題に関しては、日本の労働組合も非常に保守的で、そういう「雇用競合論」を信じてしまっていました。反省すべきことです。

二〇〇三年二月五日に、東京の国連大学で「グローバル化の時代における国際労働力移動——現状、課題と展望」というILO（国際労働機関）東京支局主催のフォーラムが行われました。このフォーラムが日本における外国人労働者の問題にILOとして初めて取り組んだものであったと思います。実際のところ、翌二〇〇四年のILO総会一般討議で外国人労働者の権利問題が取り上げられる情勢の中で、日本もその問題の例外ではないということで、このフォーラムが開かれたのでしょう。

さて、フォーラムではＩＬＯ社会的保護総局国際労働力移動部部長のマノロ・アベラさんの基調講演の後に、日本側からも「政労使」の発言がありました。「政」は厚生労働省職業安定局外国人雇用対策課、「労」は連合、「使」は経団連が発言をしました。連合は、一般的な話として、外国人労働者を安定的に受け入れることができるのかどうかを持続的な問題として考えるべきという視点を持った方が良いのではないか、と発言。厚労省などは、なぜか、ブラジル人の犯罪が増えているという誤導に終始してしまっていました。その中で経団連だけが、経済閉塞性の突破という理由ではあるものの、移民に肯定的な発言を行いました。

しかし、すでに、当時の日本で外国人労働者が生活し、働き、さまざまな問題を抱えているという実態に即した話は、まったく出てきませんでした。またその実態に対し、労働組合や行政が何を、どう取り組んでいるのかという報告もなされませんでした。

つまり、その当時日本で外国人労働者がどういう位置にあるのかということが、ほとんど日本の政労使からコメントされなかったのです。総じて三者は、「移民」は国民的コンセンサスが必要、という程度の内容で、マノロ・アベラさんから「コンセンサスを得てからという問題ではなく、現状に起きていることへの対応が問われている」という趣旨の指摘がなされるほどでした。これは非常に重要な指摘です。

私たちは、つい「どうやって受け入れるのか」ということを考えがちですが、「今すでにいる人たちに対して、どうしているのか」あるいは「どうするのか」ということを考えることが大切なのです。どうしても、今すでにこの社会にいる「移民」についてフタをしてしまって、「新たに受け入れる」ということだけを考えがちです。しかしそれは事実と異なります。移民は、すでにいるのです。

ですから「これからの移民社会を考えていく」ということは、「今すでに移民社会である」ということを前提にして、「これからも移民が入ってくる社会」として考えるべきだということなのです。

ヘイト犯罪に刑事罰を

これまで日本では、外国人を差別したり攻撃したりするヘイト・スピーチやヘイト・デモをする人たちに対して、刑事罰がなく、「ヘイト・スピーチは犯罪である」という概念が希薄でした。そういう中で、繰り返しひどいヘイト・デモやヘイト・スピーチが行われてきました。

例えば二〇一六年一月三一日には、川崎市の在日コリアンが戦前から多く住んでいる地域で極右団体がデモを行い、二〇〇人のデモ参加者が「在日は大ウソつき」「帰れ、半島へ」などと書いたプラカードを掲げ、「川崎に住むごみ、ウジ虫、ダニを駆除するデモを行うことになりました」「韓国、北朝鮮は我が国にとって敵国だ。その敵国人に対して死ね、殺せというのは当たり前だ」「これから、存分に発狂するまで焦ればいい。じわじわ真綿で首を絞めてやるからよ」などと叫びました。

しかも、ヘイト・デモ参加者が「死ね！」とか「出ていけ！」と叫んでいるのに、そのまわりを警官隊が彼らを護衛するかのように取り囲んで、一緒に移動していくというありさまでした。そういうヘイト・スピーチをする人たちに差別されたり侮辱されたりして、怒った人が抗議すると、暴行罪で捕まるわけです。

ところが差別的、あるいは侮辱的、脅迫的な言動をした者は、何の罪にも問われないという状態でした。実際、警官隊が誰を取り締まるかというと、こういうヘイト・デモに抗議するカウンターの人たちなのです。「外国人は監視、管理、取り締まりの対象」という考え方が、ずっと抜けていないのです。

こういう「極右」団体によるヘイト・デモは、在日コリアンに対してのみならず、日本生まれのフィリピン人中学生のいる埼玉県の中学校の前でも行われました。

アメリカの場合でも「黒人が監視・取り締まりの対象だ」という差別、偏見がなかなか抜けず、白人警官から不当に暴力的な扱いを受けることがしばしばあります。明らかな人種差別です。そのせいで、一九九二年にはロサンゼルス暴動も起きています。

日本の場合は、近代の朝鮮半島、中国などアジアへの植民地政策について反省のないことが排外主義というかゼノフォビア（外国人嫌悪・恐怖症）を再生産しているわけです。そして政府がいつまでたっても政策として「移民」と言わないので、ヘイト犯罪を取り締まる法律もなかなか出てこなかったのです。しかしこれは刑事罰のある法律にしなくてはいけない事柄です。

川崎市が画期的な条例でヘイトに罰金刑

こうしたヘイト・デモに関して、二〇一九年一二月に川崎市が画期的な条例を成立させました。「川崎市差別のない人権尊重のまちづくり条例」がそれです。この条例では全国で初めて刑事罰も明記されました。

市内の公共の場所で拡声機を使って差別的言動を行ったり、差別的ビラやパンフレットを配布したりして、その人を地域から退去させることや、その人の生命、身体、自由、名誉、財産に危害を加えることを煽動《せんどう》または告知したり、人以外のものにたとえるなど著しく侮辱することを禁止し、市の勧告や命令に従わず差別的な言動を三度繰り返した場合、最大五〇万円の罰金を科す、と定められています。

こうした刑事罰をともなう条例や法律が、日本全国に広がるべきだと思います。

ニュージーランドでは九三年の人権法で「特定の属性を有する集団の肌の色、人種または民族あるいは国籍を理由に、これら集団に対する憎悪を煽ったり、侮辱を助長する恐れがある脅迫的、誹謗《ひぼう》的、侮辱的言動を出版・配布したり、ラジオ、テレビで放送したり、公共の場所や公衆の出入りできる会合などで脅迫的、誹謗的言葉を使用すること」を違法とし、三カ月以下の拘禁刑または七〇〇〇ドル以下の罰金としています。

非正規滞在労働者にアムネスティ（正規化）を

私は、かねがね「非正規滞在労働者に対してのアムネスティが必要だ」とさまざまな場所、さまざまな機会に話してきました。アムネスティという言葉は、元々「赦免」を意味します。「不法滞在」というのを赦免し、正規の在留資格を与えるべきだと思うのです。つまり「正規化」するのです。

私は「今いる非正規滞在者は全員アムネスティ、つまり正規化して、在留資格を与えるべきだ」と話してきました。なぜでしょうか？　労働者として見た場合に、彼ら彼女らほど素晴らしい精鋭部隊はいないからです。すでに日本で仕事をしており、その仕事を何年も続けている熟練労働者ですし、日本社会のことを知っていて、この社会になじみ、担い手になる人たちだからです。彼ら彼女らに正規の在留資格を与えてこの社会に住み続けてもらう方が、新たに外国から人を呼んで仕事や日本語を一から教えるよりもずっと合理的です。

その上でまだ人手が足りなかったら、さらに受け入れればいいのです。それも、技能実習生という形ではなく、正規の労働者として、です。

東京五輪を前にして、「オリンピック・パラリンピック・アムネスティ」ということを一度はやった方がいいだろうと私は考えています（二〇二〇年五月現在、開催できるかは不明）。

彼ら彼女らが日本などの先進国に働きに来る理由には、自国経済がうまくいっていないとか、貧困や大きな経済格差がある、ということがありますが、そこには私たち先進国の責任もあります。

日本を含む先進国の人間がアジアやアフリカなどのいわゆる開発途上国にビジネスで行って、人の移動を推進したり攪拌《かくはん》したりして、人が動かざるを得ないような状況にしているのです。

例えば森林伐採や鉱物の採掘がそうです。そういうところで先進国が自分たちの利益のために動き、その結果、現地の人が他の国に移動して、例えば日本にやって来たときに、一方的に「非正規滞在だ！」と責めることはできません。

ヨーロッパなどの先進国では、外国人労働者を正規化した経験があります。「先進国としての責任・役割」を考えて正規化したのです。お隣の韓国でも正規化を、二度しています。ところが日本は、自ら「先進国だ」と公言しながらも正規化をしていませんし、技能実習生などの労働条件も奴隷労働に近い状態です。

だからこそオリンピック・パラリンピックを機に、オリンピック憲章の精神にふさわしいものとして、現状の七万人を超える非正規滞在者、あるいは収容所の長期収容問題に対して、一つの答えを出すべきだろうと思うのです。また、本当の意味での経済的合理性を追求すれば、前述したように目の前にいる働き手、社会の担い手であるこの人たちを正規化するのが一番理にかなっているはずです。そして、仮に五輪が開催されなくなっても、この人たちの労働者としての権利や労働基準が守られるためにも、正規化すべきなのです。

「非正規」という今の状態が、実際に労働基準を壊してしまっていますし、しばしばアンダーグラウンド化させてしまい、不法な搾取や暴力、非人道的な奴隷労働の温床となっています。

アムネスティを行う際の基準としては、例えば「日本社会の中で、保証人がいるなら認める」という条件でやれば、それほど難しい話ではないと思います。

移民基本法の制定を

本項から二二七ページまでは移住連編『移民社会20の提案』の一部を再構成し再録します。

これまで日本には外国人を管理する法律はあっても、移民（外国人）が本来持っている普遍的権利を明示する法律はありませんでした。しかし二〇一九年末の時点で、日本に暮らす外国籍者は約二九三万人になっており、「移民の人権と基本的自由及び民族的・文化的独自性を保障する」基本法（移民基本法）はどうしても必要です。

私たち移住連は以下のように提案しています。

① 在留資格や在留期間を問わず、すべての移民は、その国籍、人種、皮膚の色、性、民族的及び種族的出身、ならびに門地、宗教その他の地位によるいかなる差別もなしに、日本国憲法と国際人権法が定める人権と基本的自由を享受する権利を持ち、またいかなる差別もなしにその保護を平等に受ける権利を持つ。**とくに直接に、政治に参与し公務にたずさわる権利、**

いかなる国籍も自由に取得し離脱する権利。

② すべての移民は、経済的、社会的及び文化的権利を享受する。**とくに労働・職業選択の自由、労働条件ならびに同一労働同一賃金に関する権利、住居についての権利、社会保険と社会保障に対する権利、教育を受ける権利。**

③ すべての移民は、国際人権法に基づく法律（改正入管法）が定める正当な理由と適正な手続きによることなく滞在・居住する権利を制限もしくは剥奪されない。

④ すべての移民は、いつでも自由に出国し、その在留期限内に再入国する権利を持つ。

⑤ すべての移民は、日本国内において、その家族構成員と再会し、家庭を形成し、維持する権利を持つ。

⑥ すべての移民は、国際人権法が保障する「民族的、文化的及び宗教的マイノリティの権利」を個人的にも、集団的にも享有する。**とくに自己の文化を享有し、自己の宗教を信仰し、かつ実践し、自己の言語を使用する権利、自己の言語、文化、歴史及び伝統について教育を受ける権利、民族名を使用する権利。**

⑦ すべての移民は、これらの権利享有を達成するために必要な特別措置（アファーマティブ・アクション）を求める権利を持つ。

⑧　国と地方自治体は、この法律《移民基本法》が認める権利をすべての移民に保障するために、立法、行政、財政その他必要な措置を取らなければならない。

右の内容を骨子とする移民基本法は、移民に対してあまりに過酷な現在の日本の法制度からすれば絵空事のように見えるかもしれません。しかしこれらは日本がすでに加入している難民条約や、国際人権自由権規約・社会権規約、女性差別撤廃条約、子どもの権利条約、人種差別撤廃条約など、国際人権法が締約国に求めている国際基準であり、多くの国が採用している法規範なのです。

『移民社会20の提案』

移民基本法は、この社会で暮らす外国ルーツの人たちの権利をどう守るかということと同時に、この社会が「すでに移民がいて成り立っている社会である」という認識を、一般の人々の間で醸成するためにも必要なものです。

そのために、「特定技能」などという言葉でごまかすのではなく、「移民受け入れ政策」と政府は明言すべきです。「特定技能」という在留資格は二〇一九年四月から始まりましたが、同年末までに数字、データとしてはっきりしたのは、非常にいい加減な制度だということです。安倍政権が「移民受け入れ」と言いたくないがために「言い訳《エクスキューズ》」として作った制度に過ぎません。経済界からの要求に対して、これまでの「技能実習」ではないものとして、その場しのぎのごまかしとして作った稚拙な制度なわけです。

国際人権条約の完全批准を

日本に住む外国籍者は納税の義務を課せられていますが、国民ではないという理由で、さまざまな制度から排除されています。また、人種や民族、肌の色などが異なることを理由に差別を受け続けています。日本国憲法は基本的人権の尊重を柱としていますが、外国籍者の権利を守る上で、万能ではありません。

人が人らしく生きるために、生まれたときから持っているのが人権です。第二次世界大戦終結からまもない一九四八年に国連総会で採択された世界人権宣言は、人権は世界のどこでも誰もが持つものである、としています。その原則に基づいて国連は次々と人権条約を採択し、普遍的な人権基準が各国に根付くことを目指しています。

図15　主要な国際人権条約と日本の批准状況

2019年2月16日現在

	条約名	採択・発効日	監視機関	締約国数	日本の批准と国内効力発生日
1	あらゆる形態の人種差別の撤廃に関する国際条約	1965年採択 1969年発効	人種差別撤廃委員会	179	1995.12.15加入 1996.1.14発効
	同条約の個人通報制度（14条）			58	未受諾
2	市民的及び政治的権利に関する国際規約（自由権規約）	1966年採択 1976年発効	自由権規約委員会	172	1979.6.21批准 1979.9.21発効
	第一選択議定書（個人通報制度）	1966年採択		116	未批准
	第二選択議定書（死刑廃止）	1989年採択		86	未批准
3	経済的、社会的及び文化的権利に関する国際規約（社会権規約）	1966年採択 1976年発効	社会権規約委員会	169	1979.6.21批准 1979.9.21発効
	選択議定書	2008年採択		24	未批准
4	女性に対するあらゆる形態の差別の撤廃に関する条約	1979年採択 1981年発効	女性差別撤廃委員会	189	1985.6.25批准 1985.7.25発効
	選択議定書	1999年採択		109	未批准
5	拷問及び他の残虐な、非人道的な又は品位を傷つける取扱い又は刑罰に関する条約	1984年採択 1987年発効	拷問の禁止に関する委員会	165	1999.6.29加入 1999.7.29発効
	同条約の個人通報制度（22条）			68	未受諾
	選択議定書	2002年採択		88	未批准
6	子どもの権利に関する条約	1989年採択 1990年発効	子どもの権利委員会	196	1994.4.22批准 1994.5.22発効
	武力紛争における子どもの関与に関する子どもの権利に関する条約の選択議定書	2000年採択 2002年発効		168	2004.8.2批准 2004.9.2発効
	子どもの売買、子ども買春及び子どもポルノに関する子どもの権利に関する条約の選択議定書	2000年採択 2002年発効		175	2005.1.24批准 2005.2.24発効
	通報手続に関する子どもの権利条約の選択議定書	2011年採択 2014年発効		42	未批准
7	すべての移住労働者とその家族の権利の保護に関する国際条約	1990年採択 2003年発効	移住労働者委員会	54	未批准
	同条約の個人通報制度（77条）			5	—
8	強制失踪からのすべての者の保護に関する国際条約	2006年採択	強制失踪委員会	59	2009.7.23批准 2010.12.23発効
	同条約の個人通報制度（31条）			22	未受諾
9	障がい者の権利に関する条約	2006年採択 2008年発効	障がい者の権利に関する委員会	177	2014.1.20批准 2014.2.19発効
	選択議定書	2006年採択		94	未批准

外国人人権法連絡会『日本における外国人・民族的マイノリティ人権白書 2019年』（2019年）より

権利が侵害されやすい先住民や移民などマイノリティの権利保障には、人権条約を取り込むことが重要です。そして条約を締結した以上、国は守る義務があります。条約の内容に沿って法律や政策を整備しなくてはならないのです。

日本で先駆けとなったのが、一九七九年の国際人権規約（社会権規約と自由権規約）の批准を契機とした外国人の公営住宅への「門戸開放」です。一九五二年のサンフランシスコ講和条約の発効を機に、日本の旧植民地出身者である在日韓国人、朝鮮人や台湾人は、一方的に日本国籍を剝奪されて外国人となった上、さまざまな制度の枠外に置かれました。この状況が改善されたのが、「内外人平等」を原則とする国際人権規約の締結による「国籍条項撤廃」でした。

さらに、多数のインドシナ難民の受け入れのさなかの一九八一年、日本は難民条約の締結国となりました。難民条約は、社会保障において「内国民待遇」を求めているので、国民年金や、児童手当に関する法律の国籍条項を削除し、外国人にも制度が適用されることになったのです。

また、日本の国籍法は父系主義を取っていたため、外国人と結婚した日本女性の子どもは日本国籍を継承できなかったのですが、一九八五年の女性差別撤廃条約の批准により、国籍法における女性差別が撤廃されて、父母両系主義になり、父が外国籍でも母が日本人ならば日本国籍を継承できるようになりました。

そして一九九〇年には、国連で移住労働者権利条約が採択されました。非正規滞在者を含む移民の権利保護を認めた、非常に重要な条約です。しかし日本はまだ批准していません。

また日本は人権条約を締結していても、特定の条文を「留保」したり、国内法を優先するといった「解釈宣言」を付しています。例えば一九九五年に加入した人種差別撤廃条約の第四条（a）項と（b）項では、人種差別の宣伝・扇動を法律で禁止し処罰するよう求めていますが、日本国憲法で保障する表現の自由などを制限する恐れがある、として法律による処罰を「留保」しています。

加えて、子どもの権利条約の第九条は、「子どもがその父母の意思に反して分離されないこと」を求めていますが、日本は「出入国管理法に基づく退去強制の結果として児童が父母から分離される場合に適用されるものではない」と解釈宣言をして、国際人権基準より入管法を優先しています。

さらに、条約の完全批准において重要なのは、主要な人権条約が設けている「個人通報制度」を受諾することです。これは、権利を侵害された個人や集団が、国内で手立てを尽くした上で、条約機関に直接通報し救済を求める制度です。審議の結果、権利侵害が認められれば国に勧告が出されます。しかし日本は、最高裁判所の確定判決に異議を挟まれる、といった懸念から、まだ受け入れていません。

これらの留保や解釈宣言を撤回して、条約の全条文を誠実に受け入れ、人権条約を完全に実施していくことが必要です。人権条約は国際社会の共通ルールなのですから。

一〇〇万人以上の難民を受け入れているドイツと、受け入れ数二桁の日本

日本では、難民申請者は申請の段階での在留資格の有無で、その後の生活が大きく異なってしまいます。難民申請者にはさまざまな理由で正規の在留資格を持たない人たちがいますが、在留資格のある申請者に比べて不利な状況に追い込まれます。また最近は、正規の在留資格を持つ申請者に対しても「振り分け」が始まり、就労制限、在留制限（その後、退去強制手続きへ）となる場合もあります。

彼らの中には、スキルを身に付けている人も少なくありませんが、それを日本で生かす道を見出《みいだ》すことはできません。そして在留資格のない難民申請者のほとんどが収容、さらには強制送還されるケースが多いのです。

しかしこれは、難民条約三三条第一項の「ノン・ルフールマン（non-refoulement ＝送還禁止）原則」に抵触します。この原則では「難民を彼らの生命や自由が脅威にさらされる恐れのある

図16　難民申請者数及び認定者数の推移

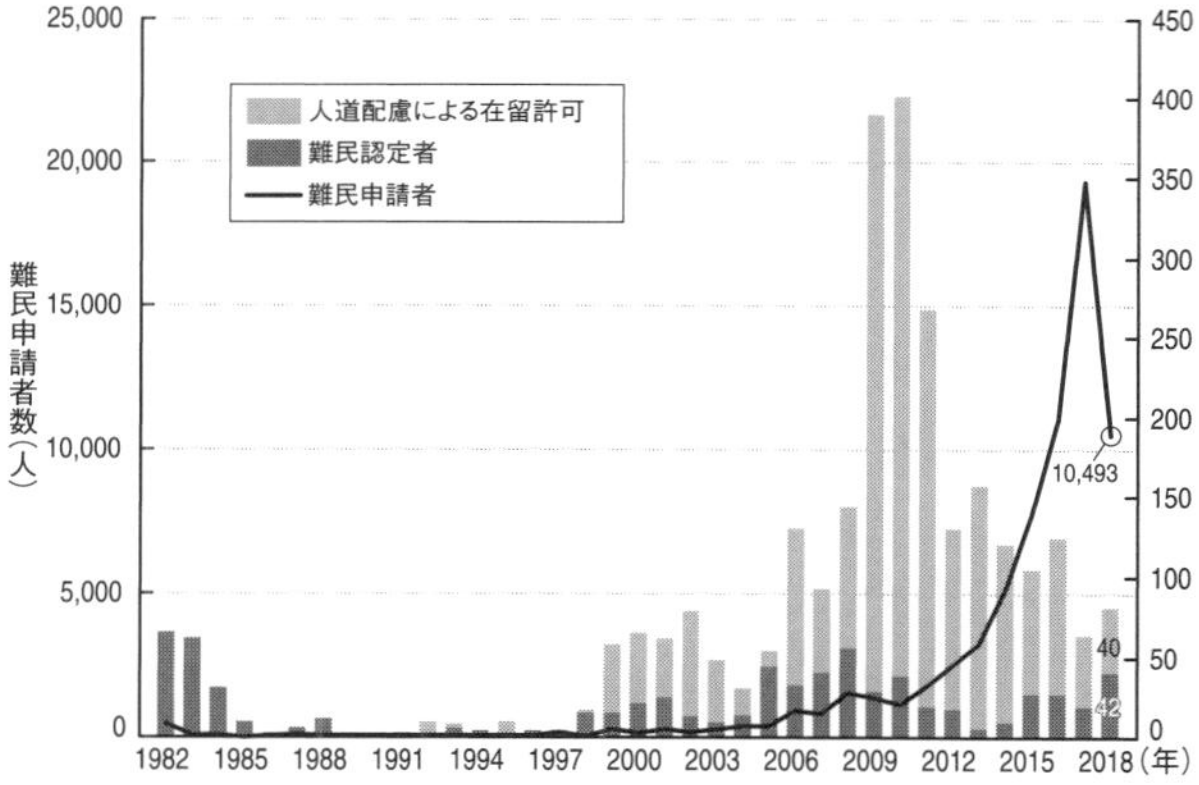

法務省の資料をもとに作成

国へ強制的に追放したり、帰還させてはいけない」と定めているのです。また、難民条約第三一条には「庇護《ひご》申請国へ不法入国しまた不法にいることを理由として、難民を罰してはいけない」と定められています。

難民申請をしている人を強制収容することは、この三一条に違反しているのです。

そもそも日本における難民保護の解釈と基準は、国際的水準に遠く及びません。例えば不認定の理由書に書かれていた「政府からことさら注視されていない」というのは申請者に無理な立証を求めるものです。難民認定における「疑わしきは申請者の利益に」という国際的な原則が、日本で示されたことはありません。

その結果が、著しく低い難民認定数にあらわれています。二〇一七年が二〇人、一八年が四二人です。わずか一パーセントにすら満たない認定率なのです。二〇一七年のUNHCR（国連難民高等弁務官事務所）のグローバルトレンズでは、「とりわけ難民認定率が低い国」として唯一、日本だけが挙げられているほどです。

例えばドイツが二〇一五年に受け入れた難民数は、一〇〇万人を超えています。他の先進国もドイツよりは少ないとはいえ、万単位で受け入れています。日本とは三桁も違います。日本では、人道というものを視座に据えた政策が、まったくできていないのです。

法務省は難民申請の誤用・濫用を防ぐことを前提に政策を進めていますが、「過度な濫用防止策」のせいで難民認定が極端に難しくなり、結果として難民保護という目的がないがしろにされています。しかし「適正な難民認定制度を構築することが申請の濫用に対する抑制となる」とUNHCRは繰り返し述べています。

国際水準にのっとった制度とするためには、今、以下のことが求められています。

① 難民手続きの透明性、客観性、専門性の向上のため、出入国在留管理庁から独立して、別の機関で難民認定手続きをすること。

② 現状の制度の下でも、難民認定基準を国際水準にすみやかに合致させること。

③ 難民申請者への処遇について、在留資格の有無で区別しないこと。すべての申請者に対して最低限の生活保障と公的な支援（その人のスキルに適合した在留資格への変更を含む）をすること。収容は原則として回避すること。過度な濫用防止策による在留制限を中止すること。難民条約に基づく保護対象である難民の存在と、その保護の意識を、広く社会が認識すること。

コラム　新型コロナウイルスをめぐって

本書の編集中の二〇二〇年春ごろから、新型コロナウイルスによって、地球上至る所で生活のリズムが変更されています。それは労働分野も同様です。しかも、弱い立場にいる人々ほどその影響は大きくなります。とりわけ、ほとんどが非正規雇用（有期雇用）である外国人労働者には顕著に表れるのです。「コロナ禍」の実害の規模の大きさは、まだ問題の中途なのでわかりませんが、いくつか私が把握したケースを紹介します。

二〇二〇年二月に中国人技能実習生が、旧正月で一時帰国して休暇を終え、日本に戻ろうとしたところ、事業主から一方的に「解雇」との連絡が来ました。そして、困り果てた彼女からオンラインで相談があったのです。これを受け、支援団体が事業主に団体交渉の申し入れを行い、私もSNSで問題を発信したところ、解雇は撤回され、「自宅待機」と技能実習再開の約束がされました。

続いて、ベトナム人の労働者（技術・人文知識・国際業務のビザ）のケース。彼は締結した労働契約に基づき、日本にやってきました。ところが、到着した中部国際空港で入国を拒否されたのです。事情を聞くと受け入れ企業から入管に「コロナで採用を取り消す」という連絡があったというのです。彼はやむなく空港で一夜を過ごし、自費で帰国しました。しかし、たとえ「内定」だったとしてもこのように一方的に取り消すことは許されません。しかも入管が介入することは問題です。まずは入国を認めて労使での話し合いがもたれなければなりません。

また、ブラジルやペルーからの日系労働者の「派遣切り」も始まっています。二〇〇八年のリーマンショックのときもそうでしたが、不況時には、まず日系労働者が派遣切りにあいます。平時においては、日系派遣労働者は、派遣会社（ブローカー）が丸抱えで、役所での手続きや住まいの手配など、生活などの支援も行うといういい面もあります。しかし、いったん大手企業からの契約打ち切りが始まると中小の派遣会社は、途端に労働者を放り出して逃げてしまうのです。かくして、日系労働者たちは派遣切りと同時に路頭に迷うという構図になります。

リーマンショック当時、派遣切りにあった日本人労働者が住まいをなくし、「派遣村」運動が起こったことは周知のことでしょう。しかしこうした派遣村に集まることすらもできなかった日系労働者たちが、ついに声を上げ、翌二〇〇九年はじめに東京と名古屋でデモに打って出ました。これに対し政府は「帰国支援事業」（実際は体のいい追い出し策です）と称して、帰国を促したという前例があります。しかし、今回は終息するまで帰国さえもままなりません。使用者である大手企業の責任はもちろんですが、政府、自治体の支援策が求められています。移住連にも二〇二〇年五月現在、愛知、三重、静岡など中部、東海地区、群馬を中心に北関東地区から相談が来始めています。

中長期滞在の外国人労働者に目を転じると、建設、外食、ホテル産業などでの雇い止めや解雇などの相談が続いています。あるアルジェリア出身の建設労働者は契約期間途中であるにもかかわらず一方的な契約打ち切りを通告されました。私たちは、外国人労働者も日本人と同じ公的救済を受けられるよう政府への要請を行うとともに今後の支援体制を準備しています。

留学生の労働問題も深刻です。留学生で労働問題というのも変ですが、本文でも触れている通り、これが今の日本社会のいびつな形の一つなのです。学校に行けなくなったことによる留学生固有の問題とは別に、居酒屋、レストランの外食産業、ホテル宿泊業、コンビニなど小売業等の産業を支え、働いてきた留学生が職を失い、生活に困窮しています。また留学生は国民健康保険ですから、新型コロナウイルス感染症に罹患した場合に、条例化で救済している自治体もありますが、そのままでは傷病手当（休業補償）が受けられません。そもそも留学生の労働力を期待した受け入れ政策をとってきたわけですから国が保障するべきなのです。「留学生ブローカー」の介在によって留学生の八八パーセントが働いているという実態、つまり働くために留学しているという実態に即した救済策が必要です。

こうしてみると、「コロナ禍」の影響の甚大さがうかがわれます。ただ、もう一方で、外国人労働者の存在感も知らしめることになっています。例えば農業などで技能実習生が来日しないことで、収穫や出荷作業が労働力不足になり、野菜の高騰として日常生活に表れました。「メイドインジャパン」、「地産地消」を支えているのが誰なのか？　それが明らかとなったのです。彼ら彼女らの労働力なしでは持続可能性がない社会であることは歴然としています。新型コロナウイルスによって、日本社会のさまざまな産業のこれからの担い手づくりをあらためて考える機会、つまり移民政策を正面から考える機会になっています。関心がある方は次の移住連からの緊急アピールと要請をぜひ、インターネットで参照してみてください。

・新型コロナウイルス流行にともなう緊急アピール――差別・排外主義に懸念を表明し、移民、民族的マイノリティ、社会的に脆弱な立場の人びとにたいする人権保障と医療・経済的保護を求めます――　二〇二〇年三月一八日

https://migrants.jp/news/voice/20200318.html

・新型コロナウイルス感染拡大防止に向けた緊急共同要請　二〇二〇年四月二〇日

https://migrants.jp/news/voice/20200420.html

エピローグ

東日本大震災のとき、各地からたくさんの外国人たちがボランティア活動や炊き出しなどをして、被災地の人たちを救援しました。ここでは、そのときのことと、私がアメリカ国務省の人身売買と闘うヒーロー（TIPヒーロー）賞を受賞したときのこと、そして移住連設立についてお話ししましょう。

東日本大震災で在留外国人たちが支援

二〇一一年三月一一日に大震災が起こると、私たちは、これまでの労働組合や外国人労働者支援活動を通じて築いたネットワークで、支援を募りました。すると、全国から多くの寄付金や支援物資が送られてきて、私たちが「名無しの震災救援団」と名付けたグループに、いろいろな国籍の外国人が参加しました。

震災当日、私は上野の事務所にいましたが、激しい揺れで「中央通り」に飛び出しました。秋葉原に近いこともあって、近くのビルの壁に大きな液晶ビジョンがありました。その画面に、津波の映像が映し出されたのです。私はすぐに、宮城県南三陸町志津川《みなみさんりくちょうしづがわ》を思い浮かべました。その何年か前、同地にあったスーパーマーケットが倒産し、そこで働いていた労働者の労働債権確保のために私は何度か志津川に行っていて、その際に、町の水産加工会社で中国人研修生・技能実習生が働いていることを知っていたのです。水産加工会社の社長は、研修生・実習生の労働条件や職場環境について、いろいろ私に相談してくるような実直な人でした。

地震が起きた直後、安否確認をしようとその社長に何度も電話をかけましたが、まったくつながりません。会社は海沿い、本当に目の前が海というところにあったので「これはヤバい」と思いました。

数日後、現地の災害対策本部の電話番号がわかったので「救援物資を持って行きたい」「水産加工のG商店の社長さんの安否はわかりますか」と伝えると、安否はわかりませんでしたが、「救援物資はぜひお願いしたい」との返答だったので、とにかく現地に行くしかないと考えていた私は、すぐ「緊急車両」の手続きを取りました。震災により、高速道路である東北自動車道は、一般車両通行止めになっていたからです。

準備が整い、全統一労働組合や移住連の関係者に一斉にメール送信し、支援物資と寄付金を募りました。すると全国からものすごい量の物資が届きました。ミルク、おむつ、下着、生理用品、燃料、医療品などです。そして震災から九日後の三月二〇日の夜、私のステップワゴンと、同じマンションに住む運送会社の社長が提供してくれた一五トントラックに救援物資を満載して、私たちの第一便は出発しました。

行ってみると道路はボコボコ、ガタガタになっていました。サービスエリアに入っても真っ暗で、そこに停《と》まっているのは警察、自衛隊、消防の車両と私たちの車ぐらいでした。その夜は南三陸町に一番近い高速のインターチェンジの手前まで行ったのですが、夜暗い中を現地に入るのは危ないので、明け方まで高速のパーキングエリアで待ってから入って行きました。

夜が明けて、南三陸町に近づいていくと、大変なことになっていて本当に驚きました。表現のしようがない惨状でした。何もかもが津波に流され、がれきの山。建物がいっさいないのです。道はようやく確保されていたものの、一部分だけでした。言葉が出ませんでした。

「技能実習生や従業員を一番に避難させたよ」と胸を張った社長

私たちがなんとか災害対策本部に着くと、黒い袋に入れられた遺体が、災害対策本部の中に入り切らず、テントを張って三〇〇体以上並べられていました。死臭が漂っていたことは忘れられません。

そこに、水産加工会社の社長がいました。社長は私を見ると、胸を張ってこう言いました。

「鳥井さん、(技能実習生や従業員を)一番に避難させたよ」と。

社長はこれまでの津波の経験から、会社の裏手の小高いところにつながる非常階段を指して「遠くへ逃げてもダメだ。上に逃げろ」と、技能実習生や従業員たちに言って、崖の上に逃がしたのです。そのおかげで工場の人たちは全員助かりました。しかし、社長は「工場、会社は全部なくなった」と。そしてまた、家族、親族が津波に流され亡くなったことも話してくれました。

「名無しの震災救援団」に、さまざまな国籍の移住者が参加

こうして私たちは「名無しの震災救援団」として、第一便以降、毎週末、南三陸町で救援活動を行いました。救援物資や寄付金は、これまでの外国人労働者の生活と権利擁護活動のつながりのおかげで全国から驚くほどの速さで集まりました。一人で薬局を回って、ミルク缶を五四缶も送ってくれた人もいます。隣近所に声をかけ、仕分け作業に参加した人もいます。本当にたくさんの外国人や日本人が、さまざまな形で参加しました。私たちが救援活動を始めてすぐに、「日本人に恩返しがしたい」と言って参加した外国人労働者たちもいました。

三月二七日ごろから避難所の一つの志津川高校で炊き出しを始めると、「私たちも行かせてほしい」という要望があちこちからありました。神奈川のフィリピン人のコミュニティ、カラカサンという会の人たちは、「アドボ」というフィリピンの鶏肉料理の炊き出しをしました。四月二四日の炊き出しでは、バングラデシュ人グループ三〇人がタンドリー釜を四基も持ち込んで、ナンとタンドリーチキンを二〇〇〇食以上配膳しました。炊き出し撤収時には、被災者の方たちと感動的な別れの場面もありました。

被災地では、その地域の一員として救援物資の管理を采配するフィリピン出身の人たちとの出会いもありました。ブラジル人コミュニティから、救援物資搬送活動へ熱烈な参加もありました。まさしく「多民族・多文化の救援活動」が行われたのです。

二、三カ月たったころ、炊き出し場所だった志津川高校の被災者ボランティア事務局の人が「鳥井さん、今度ばっかりは、ほんとに驚いた。イスラム教を見直した」と言ってきました。「鳥井さんたちのところからも、たくさんの人が来てくれるけど、被災して二、三日目に、海老名《えびな》（神奈川県）のモスク（イスラム教の礼拝所）の人がリュックを背負って、山を越えて来てくれたんです。車が通れないから歩いて。それにはすごく驚きました」と。そんなふうにまさに多民族・多文化の人たちが、助け合い、支援し合ったのです。

これからの社会の中で、例えばおばあさん、おじいさんを、避難するときに背負って逃げてくれる外国出身の人がいるのではないでしょうか。そういう姿が、私の目には浮かびます。

ＴＩＰヒーロー賞受賞の裏話

第一章に書いたように、私は二〇一三年、アメリカ国務省の『人身売買年次報告書』のＴＩＰヒーローに選ばれました。

受賞は二〇一三年でしたが、二〇一一年からノミネートはされていました。二年続けて「残念ながら選ばれませんでした」と連絡が来たのですが、二年目の二〇一二年には、ＴＩＰヒーローには選ばれなかったけれども「アメリカ大使館として表彰をしたい」ということで、首席公使の公邸で表彰式があり、表彰はされていたのです。これには国会議員も出席していました。

すると、その翌年の二〇一三年四月の終わりごろ、アメリカ大使館の書記官から「一度お会いしたい」と電話があったので「じゃあ伺います」と答えました。すると「こちらからお伺いします。近くの喫茶店を予約しました」と言うのです。そして、約束の時間に店に行き私が座るなり、書記官から「コングラチュレーションズ！」と言われたのです。「え？　何のことですか」と尋ねると「実は、今年のＴＩＰヒーローに鳥井さんが選ばれました。ただ、これは絶

2013年6月19日、ジョン・ケリー国務長官（当時）から授賞される著者

対に内密にしてください。メディアも含めていっさい内密に願います」と言われたのです。事前に漏れると、いろいろなところから反対の声が出てきて、潰される可能性もあったのでしょう。

その後、ワシントンD.C.での授賞式に行くと、日本にヒアリングに来たこともあるアメリカ国務省の若い官僚たちが向こうから走ってきて「鳥井さん、やっと来てもらえましたね」と声をかけてくれました。実際、同盟国の日本から奴隷労働、人身売買撲滅のヒーローを選ぶことにはアメリカ政府内でもかなり反発があったようです。しかし、彼ら彼女らは「私たちはどうしても鳥井さんに受賞してほしかったんです」と言ってくれたのです。

このとき、「アメリカの官僚と日本の官僚はちょっと違うな。日本の官僚よりも独自性を強く持っているんだな」と感じました。おそらく、国務省の内部でも議論をしてくれたのでしょう。授賞式前日にはメディアに情報公開され、テレビ朝日と時事通信、共同通信などの取材を受けました。でも、ワシントンD.C.の日本大使館は授賞式当日に知らされたようです。授賞式会場で、遠くから「鳥井さーん」と呼ばれたので誰かと思ったら、首席公使が走ってきて、「おめでとうございます」と言いました。その公使とはまったくの初対面でした。

官民一体で人身売買や奴隷労働と闘うアメリカ

TIPヒーロー賞の授賞式後、現地でいろいろなシンポジウムに参加したり、その年に選ばれた他のヒーローとの意見交換をしたり、視察したりして、二週間ほど滞在しました。

アメリカの各地域には「人身売買と闘うタスクフォース」というのがあります。NGO、警察、国務省などが一つのチームになって、各地域でタスクフォースを作っているのです。

私もそこで意見交換をしましたが、感心したのは、このタスクフォースには独自性があり、「人身売買や、奴隷労働根絶は法律事項である」、だから「どういう政権になろうとも続けるんだ」という意識を共有している点です。そして、スポンサーとなる財団も付いているのです。そのため国の予算があまり使えなくても、財団が予算を付けて活動を継続していけるのです。

ＦＢＩやハイウェイパトロールや市警に所属する人たちとも意見交換しましたが、これらの法執行機関の人たちがＮＧＯに対して非常に敬意を持って接している点にも感心しました。「例えば奴隷労働の人身売買だとか労働搾取だとかの場合、自分たちはＮＧＯとの協力がないと、職場の中を見ることができないんです」と彼らは言うのです。「ＮＧＯはその辺の情報を持っているので、ＮＧＯとの連携なくして人身売買の根絶はありません」と。そういう考え方は非常に大切だと思いました。日本では、どうしてもＮＧＯの社会的ステータスが低いですし、労働組合の社会的ステータスとなると、さらに低いですから。ある意味、取り締まり、監視の対象ですらあるでしょう。

ダラス市警の人たちとも懇談しましたが、市警の巡査部長が、人身売買撲滅にものすごい情熱を燃やしていました。彼は、講演でも「なんとしても人身売買だけは絶対に撲滅せねばならないのです」と、熱く語っていました。本当に、昔のアメリカのドラマ「鬼警部アイアンサイド」（一九六七年〜一九七五年放送）のような人でした。

大手企業もサポート

また、企業の人権活動に対する理解とサポートも注目されます。例えば、テキサス州に本社がある大手企業にセーバー（Sabre）という会社があります。この会社は飛行機のフライトの全体の計画というか、時刻表をプログラミングする会社で、全日空とも契約があるそうです。この会社が人身売買について、会社としてのチームを作って取り組んでいるのです。しかも非常に多くの予算を組んで「トラフィッカー（人身売買業者）にはいっさいチケットを出さない」という取り組みも目指していました。

アメリカではそういうふうに、政府や公共機関だけでなく、いろいろな企業とも連携しながら、人身売買や奴隷労働撲滅に取り組んでいるのです。

そして前述したように、タスクフォースがあり、「たとえ政権が変わっても取り組みは続いていく」というスタイルでやっています。人身売買と奴隷労働の根絶は民主主義の約束であるとして、強い意志をもってすすめていると感じました。

今、この日本社会が、外国人労働者受け入れの拡大を政策決定した事実に直面し、外国人労働者に労使対等原則、職業選択の自由などが保障されて働いていくために、先進国と言われる日本が果たさなければならない責任があります。地球の一員として移民政策を立てる責任があるのです。そして同時にそれは私たちに奴隷労働と決別した民主主義社会を深める道すじ、次の社会へのチャンスを与えているのです。

農家に戻った中国人技能実習生

大きな枠組みを考えると同時に現場の視点に立つとき、やはり外国人労働者を単なる「労働力」としてではなく「人」として遇することも大切です。

例えば千葉のある水産加工会社から逃げ出した中国人技能実習生二人のパスポートを、一次受入機関から私たちが取り戻したので、二人がパスポートを受け取りに私たちの事務所に来たことがありました。その際に、今はどこで働いているのか尋ねると、神奈川の農家で働いていると言います。

「給料は神奈川の農家より水産加工の方がよかったんじゃない?」と尋ねると「ええ。でも今私たちがやめるとね、おじいさんとおばあさん、困るんですよ」と言うのです。

きっと、農家の方が親身にしてくれたのでしょう。それで二人はパスポートを受け取ると、神奈川の農家に戻っていきました。

これは外国人も日本人も同じですが、労働者は必ずしも給料の額だけで職場を選ぶわけではないのです。もちろん「飢餓賃金」ではいけませんが、仕事のペースや同僚の存在、昼食、弁当の味、文化や宗教、生活習慣の尊重、自身が必要とされている実感、そして心地よい職場こそが大切なのです。ですから今、特定技能の受け入れにも、地域によって最低賃金に差があるから「賃金のいいところに行ってしまうかも」と心配することは、的外れです。最低賃金は一つの要素としてありますが、それだけではないのです。

この移民政策、労働者受け入れにおいても、「働く場がどういう環境にあるのか」ということが、とても大切です。外国人が働きに来たときに、その職場や地域がどう受け入れてくれるのか、同僚、隣人、担い手として尊重されるのかということが。

そして、それを守るためには連帯する組織が必要です。

移住連設立に参加して

外国人労働者の権利を守り支援する組織としては、私たちの「特定非営利活動法人 移住者と連帯する全国ネットワーク（移住連）」はパイオニア的な存在であり、個別のグループをつなぐネットワークとして、移住連には特別な存在感があると思います。

元々は「移住労働者と連帯する全国ネットワーク」として一九九七年に発足した組織です。「労働問題だけじゃないだろう」という内部の意見もあり、二〇一五年に「特定非営利活動法人 移住者と連帯する全国ネットワーク」としてＮＰＯ法人化されました。

長年活動の拠点となっている上野にて（撮影／岩根愛）

ニューカマーの人たちが日本に登場してきた際、外国人労働の問題については労働組合はほとんど何もしておらず、最初はキリスト教関係の団体や女性団体などが献身的に活動していました。一九七〇年代から「ジャパゆきさん」と呼ばれた東南アジアからの女性らを、興行ビザを使って来日させ、性産業や風俗業で働かせるという、まさしく「人身売買・奴隷労働」状況があったのですが、そういう女性たちを救うシェルターなどをやっている人たちが先駆けとしてこの問題に献身的に取り組んでいました。やがて支援者が横につながり、関東を中心にネットワーク化していき、「関東フォーラム」というのを主催するようになりました。

同じころに労働現場で、労働災害が多発していました。そこで「オーバーステイの人たちに労災保険は使えないか」ということで、全国労働安全衛生センター連絡会議が中心になり『外国人労働者の労災白書』を一九九一年に出したのです。前述の通り私は長年この全国労働安全衛生センター連絡会議のメンバーでした。

そして、これが実際に労災保険の適用の突破口になりました。根拠になったのは労働基準法第三条にある「均等待遇」です。「使用者は、労働者の国籍、信条又は社会的身分を理由として、賃金、労働時間その他の労働条件について、差別的取扱をしてはならない」とあり、この中の「社会的身分」にあたるのがオーバーステイ労働者の場合の在留資格です。「在留資格にかかわらず現に働いていれば労働者として均等な待遇を受ける」わけです。

ここからオーバーステイ労働者たちに対する、私たちの労働組合としての取り組みが始まりました。それまで労働組合の外国人労働者への取り組みは、七〇年代から研究者や語学学校の分野で始まってはいましたが、一九八〇年代後半から一挙にニューカマーが増加する状況の中で始まってはいなかったのです。

こうして、オーバーステイ労働者の組織化は、労災認定を突破口にして、神奈川シティユニオンと私たちの全統一労働組合などが切り拓《きひら》いていくことになりました。

これが、NGOの人たちにとっては衝撃でした。彼らはそれまで献身的に、労働組合などより先駆けて外国人労働者支援をしていましたが、交渉は使用者の義務ではありませんでした。また、交渉に本人を連れて行くと、オーバーステイで入管に通報される危険もあります。だから、本人は近くの喫茶店などで待っていて、ボランティアの人たちが会社と話しあう、という形だったのです。

しかし、私たち労働組合は団体交渉権を使いました。労働組合法第七条の二号で「使用者が雇用する労働者の代表者と団体交渉をすることを正当な理由がなくて拒むこと」は「不当労働行為」であると定められています。その労働者がオーバーステイであろうと、雇い主は団体交渉に応じる義務があるのです。かくして団体交渉が始まりました。しかもその団体交渉にオーバーステイ労働者自身もいるのです。警察が来ても「うちの組合員だ。労働組合としてやっているのだ」ということで拘束させませんから、堂々とやり始めたのです。

そして第二章でも紹介した通り、一九九三年の三月八日に外国人春闘が始まりました。NGOのネットワークの中に労働組合が登場しました。元々NGOの人たちも、市民運動などで労働組合ともつながりはあったのですが、労働組合が外国人労働者支援の牽引《けんいん》役に入っていったのです。そして、神奈川シティユニオン、全統一労働組合、全国一般なんぶ（全国一般労働組合東京南部）という三つの労働組合が、当時日本にいるニューカマーのほとんどの職種、国籍を網羅するようになっていきました。

なお、私たちの全統一労働組合の組合員は主に製造業で、アフリカ、南アジア、中東から来た人が多く、全統一だけでも四〇カ国以上になりました。

こうして「外国人春闘」が外国人労働者のネットワークの中心的存在、牽引役になっていきました。そして、一九九七年に移住連は全国ネットワークとしてスタートし、今に至っています。その理念を確認するためにＮＰＯ法人として再スタートした際の筆者の挨拶を引用します。

今日、私たちは、移住連が特定非営利活動法人の組織として再スタートを切ることを、ここに一緒に、お祝いさせていただきます。では、何が始まるのでしょうか。実は何も変わらないのです。これまでと同じ活動を、同じことを、繰り返しやっていくということなのです。移住連は変わりません。一九九七年にスタートした移住連は変わらないのです。名前はちょっと変わりましたけど。この変わらないということ、そのことをまずみなさんと一緒に確認したいと思います。（中略）

私たちが求めるものは、一人ひとりの違いが尊重され、自由闊達《かったつ》に討議し、誰もが生き方を自由に選択ができる社会への道筋です。（中略）私たちが求めるものは、一人ひとりが、今起きている事実を直視し、それと向き合い、闘う力をつけていくことです。私たちが求めているのは、労使対等原則が担保された多民族・多文化共生社会です。（中略）

今、厳しい社会情勢だけれども、分厚いゼノフォビア、歪んだ移民政策であるけれども、私たちには希望があります。夢ではなく現実としての希望があります。その希望がイメージできるんです。この日本社会、いいえ日本だけではなく地球のあらゆるところで、膚《はだ》や髪の毛の色が違ったり、姿形が違ったり、さまざまに違う人々が一緒に集い、自由闊達に議論する場面がイメージできるんです。地域で職場で互いの違いを尊重し、自由闊達に議論し、各々が選択できる姿をイメージできるんです。これまでの移住連の活動からの、現場での実感なんです。私たちには希望があります。移住連のドアはいつも開いています。移住者が誰でもいつでも訪ねることができるように。そしてどこへでも飛び出していけるように。私たち移住連は、これまでやってきたように、あらゆる権威や権力から独立を保ち、上意下達ではなく、アメーバー的にじわりじわりと組織と運動の広がりを作っていきます。

「贈るよろこび」――「おわりに」にかえて

「鳥井さん。全部書かない方がいいですよ。次のためにも」と、集英社新書編集部の伊藤直樹さんにアドバイスされました。「次」が実際あるかどうかはわかりませんが、確かに本書に書ききれなかった事例、それは深刻な事件もあれば、よろこびと笑いにあふれたケース、明日への励みとなるようなエピソードがまだまだあるわけです。それこそ、敬愛してきた中島らもさんに負けないほどのエピソードはあるつもりです。

また、私が社会運動とかかわるようになって四六年。この間、政治的課題、食の問題、公害問題、差別問題、倒産や解雇、賃金未払いなどの労働問題をめぐる大きな変化がありましたし、国際的な連帯運動が発展する中で私が経験し、考えてきたこととは当然違った視点、アプローチもあるでしょう。しかし、たくさんの人々に問題の本質を知っていただくためには、そうしたことを網羅的に書くよりもポイントをしぼって、「移民政策へのアプローチこそが次のこれからの社会をどうするのか、私たちの民主主義をどう深めていくのかの道すじである」と語っていくことの方が大切なのだと思います。

その上で、本書のおわりに際して、筆者が出会ったいくつかの言葉を読者のみなさんに贈りたいと思います。

まず、「明日のために」という言葉。これは私が労働組合に参加して最初に獲得した言葉です。「今しかない！」ではなく明日のために活動する、生きていくということです。「明日があるさ」と、軽快に言うのと同じ響きです。

次に紹介したいのは、私が全統一労働組合で一九九二年の「組合のつくりかえ」運動のときにいきついた三つの合い言葉です。これは参加型・自主対応型運動をわかりやすくしようと考えまとめたものです。

一つ目は「Everybody is Different（違いを尊重しよう）」。従来の「労働者はひとつだ！」という労組のスローガンは間違いではないですが、実感がありません。むしろ労働者間には環境や背景をはじめ「違い」があるのが当たり前だからです。人はさまざまであり、違っているからこそ、その違いを尊重しようという意味を込めました。この言葉は横浜の赤ひげ先生こと、天明佳臣さんからいただきました。

二つ目は「United We Stand（ひとりじゃない！）」。つまりお互いに立場や境遇がさまざまな私たち労働者だけれどもひとりではなく、支え合っているのだ、ということです。この言葉はアメリカの鉄鋼労働組合のポスターから拝借しました。

三つ目は「Positive Approach（できることから始めよう！）」。中小・零細企業をフィールドとしていると、企業そのものの経済基盤も脆弱なのが普通です。資金をかけた改善などをすぐには求めることはできません。しかし労働条件の向上や職場環境の改善は必要です。ですから、できることから始めていくことが大切です。これは、運動づくりにも言えることです。

つまり一見バラバラなような労働者が違いを尊重し、支え合い（孤立させない）、できることから始めれば道が開ける、変えられる、ということです。これが外国人労働者の問題が浮上する時期と期せずしてマッチしたのです。

贈るよろこび　惜しみなき贈与

私はこれまで、現場を走り回ってきました。暴力の危険にすら肉迫する修羅場のようなケースにも多く立ち会いましたが、間髪を入れず、ここぞというタイミングを逃さず動き、問題にあたってきました。この活動にかけた時間や移動の距離の量では誰にもひけをとらないと思っています。ですが、深さにはあまり自信がありませんでした。そんな中、私が経験してきたことを理論的に整理してくださったのが明治大学教授の東條由紀彦さんです。東條さんが、私の活動が「贈るよろこび」にあることをその研究で示唆してくれたのです（東條由紀彦・志村光太郎著『互酬　惜しみなき贈与』明石書店）。

活動の源が「贈るよろこび」だとすると、きっと読者のみなさんの周りにも説明のつく人々がいるはずです。「あんなのは名誉心だ」「営利だ」とか揶揄《やゆ》されることもあるとは思いますが、例えば労働組合の役員、町会や自治会、ＰＴＡ、子ども会での活動を長く続けている人、職場で何かと面倒見のいい人、昼休みにみんなのために漬物やお菓子を持ってくる人、季節の野菜を玄関に置いていってくれる近所の農家の人、移住連のようなＮＰＯにかかわる人々、市民運動を続ける人など、思い当たることがあるはずです。

私自身が外国人労働者の支援活動にかかわるようになったのは第二章に書いたように一九九〇年でした。しかしそれよりずっと以前の思春期から、私は差別に対して深い怒りと悲しみを感じていました。実は私の父が、住民票に記載された本籍地に戸籍（謄本）がなかったため、私の戸籍の父親欄は空白でした。このため私自身も高校進学や就職の際に身をもって差別を経験したからです。そんなこともあって、人をルーツ、出身地などで差別するということには「許せない」という思いをずっと持っていました。

その気持ちは今も変わらず、どこの出身であれ、どんなルーツであれ、それぞれの違いを尊重し、垣根のない社会を作っていきたいな、と思っています。

第二章に登場したラナ青年は私が彼のために会社と交渉している姿を見て、こう言いました。

「私も誰かの力になりたい」と。

出稼ぎに来るというのは、元々、自分のため、もしくは自分の家族のためです。でもラナは自分の家族や親戚だけでなく、また同国人や同じイスラム教徒にかぎらず、他の外国人労働者のためにも何かしたい、と言い出したのです。それを聞いて私も本当にうれしくなりました。言葉では表せないよろこびでした。

自分が触れ合った人が変わっていく。そしてその人と触れ合った人がまた変わっていき、そしてまた次の人も……。そうやって社会に影響が広まっていくのです。

これは「贈るよろこび」です。この、贈るよろこびを知ってしまうと、続くのです。ラナを私たちのところに連れてきてくれた薬剤師のIさんも、ラナ以外にも多くの外国人労働者たちの力になっていました。彼女も贈るよろこびを知っている人でしょう。

困難なことがあっても、あきらめないで外国人の支援活動を私が続けられているのは、こういう贈るよろこびにあります。贈るよろこびを知ってしまうと、やめられないのです。

この「贈るよろこび」は互酬として次へとつながり、社会を変えていくことになると確信しています。そして何より、「贈るよろこび」は実に気持ちいいのです。最後まで読んでいただいたみなさんともこの気持ちを分かち合うことができたならなによりです。

この「よろこび」を原点に、違いを尊重し合い、討議を深め、労使対等原則が担保される多民族・多文化共生社会を今後もめざしていきたいと考えます。

明日のために。ひとりじゃない。できることから始めよう。

最後に、私の早口で滑舌が悪い難解な言葉を掘り起こしていただいた構成者の稲垣收さん、曖昧な記憶を喚起させ、厳しく指摘していただいた校閲者、最後まであきらめず粘り強く導いていただいた伊藤さん、関係者のみなさん、そして、さまざまなバックアップをしてくれた移住連、全統一の仲間たち、株式会社ゆうあいのみんなに大きな深い感謝を表します。ありがとうございました。

二〇二〇年五月

鳥井一平

鳥井一平（とりい いっぺい）

一九五三年、大阪府生まれ。特定非営利活動法人 移住者と連帯する全国ネットワーク（移住連）代表理事。全統一労働組合外国人労働者分会の結成を経て、一九九三年の外国人春闘を組織化し、以降の一連の長きにわたる外国人労働者サポート活動が評価され、二〇一三年にアメリカ国務省より「人身売買と闘うヒーロー」として日本人で初めて選出、表彰される。

国《こっ》家《か》と移《い》民《みん》 外《がい》国《こく》人《じん》労《ろう》働《どう》者《しゃ》と日《に》本《ほん》の未《み》来《らい》

集英社新書一〇二五B

二〇二〇年六月二二日 第一刷発行
二〇二一年六月 六 日 第二刷発行

著者……鳥《とり》井《い》一《いっ》平《ぺい》

発行者……樋口尚也

発行所……株式会社集英社
東京都千代田区一ツ橋二-五-一〇 郵便番号一〇一-八〇五〇
電話 〇三-三二三〇-六三九一（編集部）
〇三-三二三〇-六〇八〇（読者係）
〇三-三二三〇-六三九三（販売部）書店専用

装幀……原 研哉

印刷所……凸版印刷株式会社

製本所……加藤製本株式会社

定価はカバーに表示してあります。

ISBN 978-4-08-721125-2 C0236

Printed in Japan